성찰

모든 것을 의심하며 찾아낸 생각의 신대륙

청소년 철학창고 33

성찰 모든 것을 의심하며 찾아낸 생각의 신대륙

초판 1쇄 발행 2014년 7월 30일 | 초판 2쇄 발행 2020년 12월 21일

풀어쓴이 이재환
펴낸이 홍석 | 기획 채희석 | 이사 홍성우
인문편집부장 김재실 | 표지 디자인 황종환 | 본문 디자인 서은경
마케팅 이가은 · 이송희 | 관리 김정선 · 정원경 · 최우리
펴낸 곳 도서출판 풀빛 | 등록 1979년 3월 6일 제8-24호
주소 03762 서울시 서대문구 북아현로 11가길 12 3층
전화 02-363-5995(영업), 02-362-8900(편집) | 팩스 070-4275-0445
홈페이지 www.pulbit.co.kr | 전자우편 inmun@pulbit.co.kr

ISBN 978-89-7474-754-1 43160
ISBN 978-89-7474-526-4 (세트)

이 도서의 국립중앙도서관 출판예정도서목록(CIP)은 서지정보유통지원시스템 홈페이지(http://seoji.nl.go.kr)와
국가자료종합목록 구축시스템(http://www.nl.go.kr/kolisnet)에서 이용하실 수 있습니다.(CIP제어번호: CIP2014020492)

책값은 뒤표지에 표시되어 있습니다.
파본이나 잘못된 책은 구입하신 곳에서 바꿔드립니다.

성찰

모든 것을 의심하며 찾아낸 생각의 신대륙

르네 데카르트 지음 | 이재환 풀어씀

Meditations on First Philosophy

'청소년 철학창고'를 펴내며

우리 청소년이 읽을 만한 좋은 책은 없을까? 많은 분들이 이런 고민을 하셨을 겁니다. 그러면서 흔히들 고전을 읽어야 한다고 합니다. 하지만 서점에 가서 책을 골라 보신 분들은 느꼈을 겁니다. '청소년의 지적 수준에 맞춰서 읽힐 만한 고전이 이렇게도 없는가.'라고.

고전 선택의 또 다른 어려움은 고전의 범위가 매우 넓다는 것입니다. 청소년 시기에는 시간과 능력의 한계 때문에 그 많은 고전들을 모두 읽을 수 없습니다. 그렇다면 어떤 책을 읽어야 할까요?

이런 여러 현실적인 어려움을 고려해 기획한 것이 풀빛 '청소년 철학창고'입니다. '청소년 철학창고'는 고전의 핵심이라 할 수 있는 '철학'에 더 많은 무게를 실었습니다. 그 이유는 무엇일까요?

사람들은 일반적으로 철학을 현실과 동떨어진 공리공담이나 펼치는 학문이라고 생각합니다. 하지만 철학적 사고의 핵심은 사물과 현상을 다양하게 분석하고 종합해서 그 원칙이나 원리를 찾아내는 것입니다. 그래서 철학은 인간과 세상에 대해 깊이 있게 생각하고, 논리적으로 종합하는 능력을 키워 줍니다. 그런 만큼 세상과 인간에 대해 눈떠 가는 청소년 시기에 정말로 필요한 공부입니다.

하지만 모든 고전이 그렇듯이 철학 고전 또한 읽기가 쉽지 않습니다. 그래서 '청소년 철학창고'는 청소년의 눈높이에 맞추기 위해 선정에서부터 원문 구성에 이르기까지 많은 노력을 기울였습니다.

첫째, 책을 선정하는 과정에서부터 엄격함을 유지했습니다. 동양·서양·한국 철학 전공자들이 많은 회의 과정을 거쳐, 각 시대마다 동서양과 한국을 대표하는 철학 고전들을 엄선했습니다. 특히 우리 선조들의 사상과 동시대 동서양의 사상들을 주체적인 입장에서 비교하고 검토할 수 있도록 했습니다.

둘째, 고전 읽기의 참다운 맛을 살리기 위해 최대한 원문을 중심으로 구성했습니다. 물론 원문 읽기의 어려움을 해결하기 위해 새롭게 번역하고 재정리했습니다. 그리고 청소년이라면 누구나 어렵지 않게 읽으면서 고전이 주는 의미와 내용을 이해할 수 있도록 설명을 덧붙였고, 전체 해설을 통해 저자의 사상과 전체 내용을 다시 한 번 정리해 주었습니다.

마지막으로 쉬운 것부터 읽기 시작해 점차 사고의 폭을 넓혀 가도록 난이도에 따라 세 단계로 구분했습니다. 물론 단계와 상관없이 읽고 싶은 순서대로 읽어도 됩니다.

우리 선정위원들은 고전 읽기의 진정한 의미가 '옛것을 되살려 오늘을 새롭게 한다(溫故知新).'는 데 있다고 생각합니다. '청소년 철학창고'를 통해 자라나는 청소년들이 인간과 사물에 대한 깊은 통찰력을 키워, 밝은 미래를 열어 나갈 수 있기를 진정으로 바랍니다.

2005년 2월

선정위원 　허우성(경희대 교수, 동양 철학)　　　윤찬원(인천대 교수, 동양 철학)
　　　　　정영근(서울산업대 교수, 한국 철학)　허남진(서울대 교수, 한국 철학)
　　　　　이남인(서울대 교수, 서양 철학)　　　한자경(이화여대 교수, 서양 철학)

들어가는 말

18세기 독일의 유명한 철학자 헤겔은 자신보다 앞서 살았던 데카르트를 철학의 '신대륙'을 발견한 '영웅'이라고 말한 적이 있다. 콜럼버스가 아메리카 대륙을 발견한 것만큼이나 철학의 역사에서 위대한 발견을 한 철학자가 바로 데카르트라는 의미다. 심지어 헤겔은 데카르트 이전의 철학이라는 배는 천 년 동안 망망대해를 표류했는데, 데카르트라는 훌륭한 선장 때문에 표류하던 '철학호(號)'가 긴 표류를 마감하고 철학의 신대륙을 발견할 수 있었다고 말했다. 그렇다면 데카르트 이전의 철학은 왜 그렇게 오래 표류할 수밖에 없었을까? 데카르트가 발견한 것이 도대체 무엇이기에 철학의 신대륙이라고 불리는 것일까?

이런 의문에 대한 해답을 찾는 가장 좋은 방법은 바로 그가 쓴 《성찰》을 읽는 것이다. 《성찰》은 데카르트가 철학의 신대륙을 발견할 때 사용했던 항해 지도이자, 어떻게 철학의 신대륙을 발견할 수 있었는지 보여 주는 항해 일지이기 때문이다. 헤겔은 데카르트가 발견한 철학의 신대륙의 이름을 '사유' 즉 생각이라고 했다. 왜 그랬을까? 데카르트는 《성찰》에서 그 유명한 "나는 생각한다, 그러므로 나는 존재한다."는 명제를 내놓는다. 즉 내가 생각한다는 사실에서부터 나의 존재를, 신의 존재를, 그리고 이 우주의 존재를 증명한다. 물론 인간이 생각한다는 것을 처음 발견한 철학자가 데카르트는 아니다. 하지만 데카르트는 《성찰》에서 '생각하는 인간의 능력'을 강조함으로써 신과 종교만을 비중 있게 다루었던 중세 철학의 오랜 표류를 마감하고, 인간의 생각하는 능력과 그것으로 자연을 과학적으로 탐구하도록 이끄는 '근대 철학의 아버지'가 된다.

하지만 《성찰》이라는 신대륙의 항해 지도는 지금 우리가 펼쳐 읽기에 쉽지 않다. 왜냐하면 지도와 일지에 쓰인 언어 및 안내 기호가 데카르트가 살았던 시기의 시대적 · 종교적 정신과 데카르트만의 고유한 철학 논리 등을 반영한 암호와 같기 때문이다. 암호처럼 해독하기 어려운 항해 지도와 일지를 지금의 청소년이 이해할 수 있도록 새로운 매뉴얼을 덧붙인 것이 바로 이 책 《성찰, 모든 것을 의심하며 찾아낸 생각의 신대륙》이다. 이 매뉴얼을 찬찬히 따라가면서 지도를 해독하다 보면, 어느새 데카르트가 발견하려는 철학의 신대륙이 희미하게 보이는 놀라운 경험을 할 수 있을 것이다.

이 책을 읽는 여러분은 데카르트처럼 신대륙을 향한 '철학호'에 올라탄 셈이다. 그 항해가 결코 순탄하지만은 않을 것이다. 데카르트가 그러했듯, 의심의 풍랑에 배가 뒤집히는 경험도 할 것이고, 신대륙으로 보이는 신기루를 향해 돌진하다 맥없이 키를 되돌려야 하는 좌절을 겪게 될지도 모른다. 하지만 그 과정에서 찾아낸 여러 무인도는 어쩌면 여러분만의 신대륙일 수 있다는 희망을 잃지 않기를 바란다. 우리가 《성찰》을 읽는 것은, 더 넓게는 철학을 공부하는 이유는, 누군가 발견한 그 대륙을 마치 성지 순례하듯 찾아가 사진 찍기 위해서가 아니다. 내 생각의 힘으로 나만의 철학을 찾으려는 것이 어쩌면 철학이라는 항해를 시작하는 진정한 이유일 것이다.

그렇게 실패를 무릅쓰고 나아가다 보면 데카르트가 도달한 지점, 바로 '생각의 신대륙'에 도달할지 모른다. 중요한 건 두려워하지 않고 떠나는 것이다. 데카르트의 원문이 이해하기 어려워 포기하고 싶을 때 팁이 있다. 원문 아래 해설 부분을 읽고 다시 한 번 원문을 읽어 보자. 그러면 이해되지 않았던 부분을 더 잘 이해할 수 있을 것이다.

마지막으로 필자보다 이 책을 더 진지하게 읽고 고쳐 준 아내 김인선과, 필자보다 이 책을 더 많이 읽고 새로운 방향을 제시해 준 채희석 기획위원님과 김재실 팀장님에게 감사의 인사를 전한다.

2014년 6월
이재환

|차례|

《성찰》을 이해하는 데 필요한 배경 지식

신   데카르트가 활동하던 17세기 유럽은, 구교인 가톨
릭 세력과 신교인 프로테스탄트 세력이 서로 충돌
하던 시기였지만, 여전히 기독교 전통이 우세했다. 이런 환경에서 자
랐기에 데카르트는 자연스럽게 그리스도교의 신을 받아들였다. 그래
서 데카르트는 《성찰》에서도 자연스럽게 신에 관한 논의를 펼친다.
'나쁜 신'의 가능성을 제시하거나, 신의 존재를 증명하기도 하고, 또
인간이 지닌 지식의 정당성을 신이 보증해 준다고 생각하기도 한다.
왜냐하면 만약 신이 존재하고 이 신이 선하다면, 인간은 신이 인간
에게 준 지성을 통해서 신이 창조한 세계를 파악할 수 있다고 여겼기
때문이다. 다시 말하면, 선한 신은 말 그대로 선하기 때문에 우리를
속이지 않을 것이고 그런 이유로 우리가 신이 준 지성을 올바르게만
사용한다면 우리의 지식 역시 올바르다는 주장이다.

이렇게 우리 지식의 정당성을 신에게 의존하는 데카르트의 생각은
우리가 사는 21세기에는 맞지 않는 것처럼 보일 것이다. 지금은 모든

사람이 신의 존재를 당연하게 생각하는 시대는 아니기 때문이다. 하지만 데카르트가 살던 시대보다 앞선 중세 시대에는, 인간은 신이 창조한 피조물이고 피조물은 창조주에 비해 부족한 존재이기 때문에 인간이 가진 지식은 불완전하다고 생각했다. 하지만 데카르트는 비록 여전히 신을 끌어들이긴 하지만, 신이 인간에게 지성(이성)이라는 능력을 주었기 때문에 인간의 지식은 불완전한 것이 아니라 자연을 충분하고 확실하게 이해할 수 있는 토대라고 주장했다. 이런 점에서 그는 이전 시대와 확실히 다른 모습을 보여 주었고, 그 때문에 후세 사람들은 그를 근대 철학의 출발점이라고 이해하는 것이다.

따라서 《성찰》을 읽을 때, 데카르트가 살던 시대적 상황을 이해하고 데카르트가 왜 신을 끌어들였는지 그 배경을 이해하면 크게 도움이 될 것이다.

정신(영혼)　　　데카르트는 '정신' 혹은 '영혼'이라는 용어를 '의식', '생각', '지성'이라는 의미로 사용하고 있다. 〈두 번째 성찰〉에서 '나는 누구인가'에 대한 물음에 대한 답으로, 데카르트는 "나는 엄격한 의미에서 생각하는 것이다. 즉, 정신 혹은 지성 혹은 이성이다."라고 말한다. 즉 데카르트는 정신=지성=이성으로 생각하고 있다.

더 나아가 정신은 생각이나 지성일 뿐만 아니라 인간의 의지까지도 포함한다고 설명한다. 〈두 번째 성찰〉에서 데카르트는 "나는 무엇인가? 생각하는 것이다. 생각한다는 것은 무엇인가? 의심하고 이해하며, 긍정하고 부정하며, 바라고 바라지 않으며, 또한 상상하고 감각하는 것이다."라고 말한다. 데카르트에 따르면, 이러한 정신은 물질적인 신체와는 완전히 별개로 존재하고, 또 존재할 수 있다. 데카르트가 《성찰》을 쓴 목적 중의 하나가, 정신과 물체 혹은 영혼과 육체가 완전히 다르다는 사실을 증명하는 것이었다.

물체(신체)　　　물체는 우리가 경험하는 물질적 세계를 이루는 것(사물)을 가리키는 말이다. 신체 역시 물질적인 것이므로 물체라고 할 수 있다. 데카르트는 물체의 가장 중요한 특징으로 흔히들 '연장(延長)'이라고 말하는, '공간을 차지함'이라고 보았다. 세상에 존재하는 물체는 반드시 공간을 차지한다는 것이 데카르트의 생각이다. 즉 어떤 물체든 길이나 넓이, 부피 등 3차원적 연장이라는 성질이 있다는 것이다.

또한 이렇게 공간을 차지하는 성질은 기하학적인 성질이므로 수로 표현될 수 있다고 보았다. 따라서 데카르트는 수로 표현될 수 있는 물질적 세계는 수를 다루는 학문인 수학으로 파악할 수 있는 세계라고 생각했다. 수학이 인간의 지성으로 파악될 수 있는 확실한 지식이라면, 수학적 성질로 이루어진 물질적 세계도 인간의 지성으로 파악되고 확실한 지식의 영역이 될 수 있다는 것이 데카르트의 생각이다.

이렇게 수로 표현되는 성질 이외에 물체에게 있다고 생각되던 색깔이나 맛 등의 질적인 성질들은 그것을 경험하는 사람에 따라 달라질 수 있으므로, 데카르트는 질적인 성질들은 사물의 고유한 성질이 아니라고 생각한다.

지성   데카르트에게 지성은 정신이 하는 여러 활동 중의 하나이기도 하면서, 한편으로 지성=정신이기도 한 개념으로 쓰인다. 그만큼 데카르트에게 지성은 정신이 하는 일 중 가장 중요한 활동 중의 하나다. 데카르트는 지성을 상상력과 같이 신체와 결합되어서 하는 정신 작용이 아니라 신체 없이도 이루어지는 순수한 정신 활동이라고 본다. 그리고 데카르트는 이렇게 지성의 활동을 통해 발견한 지식이야말로 의심할 수 없는 확실한 지식이 될 수 있다고 주장한다. 그래서 〈세 번째 성찰〉에서 데카르트는 지성을 통해서 '명확하고 분명하게 지각한 것은 참'이라는 진리의 일반 규칙을 세운다.

관념   데카르트가 사용한 관념이라는 말은 우리의 머릿속에서 이루어지는 '생각'이라는 의미에 가깝다. 예를 들어, '사과'의 관념은 우리 바깥에 존재하는 사과 그 자체가 아니라 우리 머릿속에 그려진 사과의 이미지를 의미한다. 그런데 데카르트에 따르면, 우리는 사과와 같이 세상에서 직접 경험할 수 있는 관념만이 아니라 '유니콘', '천사', '신'과 같이 한 번도 직접적으로 경험해 본 적이 없는 관념도 가지고 있다. 유니콘이라는 말을 들었을 때 우리가 그것이 무슨 말인지 아는 것은 우리 머릿속에 유니콘에 대한 관념이 있기 때문이다. '신'의 관념도 그와 마찬가지다. 뿐만 아니라 '사랑', '정의'와 같은 추상적인 개념에 대한 관념도 우리에게는 있다.

그런데 데카르트는 이러한 관념을 두 가지 측면에서 구분한다. 우선 관념은 우리 머릿속에 있는 '생각'이라는 측면에서 모두가 똑같다. 즉 '신'에 대한 관념이든, '유니콘'에 대한 관념이든, '사과'에 대한 관념이든 모두 우리 머릿속에 있는 '생각'이라는 점에서는 차이가 없다. 즉 관념은 '형식상' 모두 관념이기 때문에 모든 관념은 같다고 할 수 있다. 하지만 다른 한편으로는 각각의 관념들은 표현하는 내용이 다르기 때문에 내용적으로는 모두 다르다고 할 수 있다. 예를 들어, '유니콘'의 관념은 유니콘이라는 상상의 동물을 표현하고, '사과'의 관념은 우리가 보고 먹는 사과를 표현하므로 둘의 관념은 서로 다르다고 할 수 있다. 이렇게 형식과 내용의 측면에서 구분된 관념의 성질을 각각 형상적 실재성과 표상적 실재성이라고 부른다.

| 관념의
형상적 실재성 | 앞에서 말한 것처럼, 우리 머릿속에 있는 관념은 '관념'이라는 측면에서 그 내용이 무엇이든 형식적으로 |

는 모두 똑같이 관념이다. 이렇게 관념이 가지는 형식적 특징을 데카르트는 '형상적 실재성'이라고 부른다. 따라서 관념은, '사과'의 관념이든 '유니콘'의 관념이든 '신'의 관념이든 모두 우리의 머릿속에 있는 생각이기 때문에, 형상적 실재성의 측면에서는 모두 동일한 실재성이 있다.

| 관념의
표상적 실재성 | 관념의 형상적 실재성이 관념이 형식적으로 가지는 실재성이라면, 표상적 실재성은 관념의 내용이 가 |

지는 실재성이다. '사과'의 관념, '유니콘'의 관념, '신'의 관념은 관념이라는 측면에서는 동일하지만, 이 관념들이 표현하는 관념의 내용은 다르다고 할 수 있다. '사과'의 관념은 사과를, '유니콘'의 관념은 유니콘을, '신'의 관념은 신을 표현한다. 따라서 이 관념들의 내용은 다 다르다. 관념이 지칭하는 내용이 다름을 말하는 것이 표상적 실재성이다.

| 본유 관념 | 데카르트 철학에서 관념은 여러 가지로 나눌 수 있다. 우선 사과처럼 우리의 감각을 통해서 경험한 |

'감각 관념'이 있고, 유니콘의 관념처럼 허구의 관념이 있다. 데카르

트에 따르면, '유니콘'은 우리가 경험한 '뿔'의 관념과 '말'의 관념을 결합해서 만든 허구의 관념이다. 사과나 유니콘의 관념처럼 우리가 태어난 후에 경험한 것이나 경험을 바탕으로 만들어진 관념들과 달리, 데카르트는 우리가 태어날 때부터 가지고 태어난 관념이 있다고 주장한다. 이러한 관념을 '본유 관념'이라고 한다. 즉 본래부터 가지고 있었던 관념이라는 의미다. '신'과 같은 관념은 우리가 경험할 수도 없고, 만들어 낼 수도 없는, 신이 우리가 태어날 때 직접 우리 머릿속에 넣어 준 대표적인 본유 관념이라고 데카르트는 주장한다.

지각   데카르트는 《성찰》에서 '지각한다'는 말과 '감각한다'는 말을 구분해서 사용하고 있다. '지각'하는 것은 지성을 통해서 어떤 사물이나 상황을 인식하는 것을 말한다. 즉 우리의 신체적 기관을 사용하지 않고 오직 정신을 통해서만 사물을 인식하는 것이 지각이다. 이와 달리 신체 기관인 오감을 통해 사물을 인식하는 것은 감각이다.

명확하고   데카르트는 〈세 번째 성찰〉에서 '내가 명확하고 분
분명한 지각   명하게 지각하는 모든 것은 참'이라는 '진리의 일반 규칙'을 제시한다. '명확하고 분명한 지각'을 철학자들 사이에서는 흔히 '명석 판명한 지각'이라고 한다. 여기서 '명확(명석)하게 지각한다'는

것은 하나의 대상이나 상황에 대해서 충분히 잘 안다는 것이고, '분명 (판명)하게 지각한다'는 것은 그 대상이나 상황을 다른 대상이나 상황과 구분해서 잘 이해한다는 의미다.

감각   정신의 지각과 달리 감각은 우리의 신체를 통해서 우리 외부에 있는 어떤 사물이나 상황을 인식하게 되는 것을 말한다. 우리가 외부에 있는 사물을 감각하려면, 우선 외부에 있는 물체인 사물이 있어야 하는 동시에 우리 몸에 있는 여러 감각 기관을 통해서 이 외부에 있는 물체를 인식해야만 한다. 외부 사물뿐만 아니라 배가 고프다거나 몸이 아프다고 느끼는 감각(=내감) 역시 우리에게 신체가 있기 때문에 알 수 있는 것이다. 데카르트는 《성찰》에서 이러한 감각을 통해서 얻은 지식을 불신하고 정신을 통해서 알게 된 지식, 즉 지각을 통해서 얻게 된 지식을 강조함으로써 인간 정신의 능력을 더욱 강조하는 길을 걷게 된다.

| 일러두기 |

1. 이 책은 John Cottingham, Robert Stoothoff, Dugald Murdoch가 영어로 번역한 *The Philosophical Writings of Descartes II* (Cambridge University Press, 1984)와 Michelle Beyssade와 Jean-Marie Beyssade가 편집한 *Méditations métaphysiques* (Flammarion, 1992)를 주된 텍스트로 사용했으며, 국내 번역본으로는 2011년에 펴낸 《성찰》(양진호 옮김, 책세상)과 1997년에 펴낸 《성찰》(이현복 옮김, 문예출판사) 등을 참고했다.

2. 이 책은 여섯 개의 성찰로 이루어져 있는 《성찰》의 형식은 그대로 유지했으나, 독자들의 이해를 돕기 위해 각각의 성찰에 원문에는 없는 몇 개의 소제목을 달아 내용을 구분했다. 번역은 가급적 원문에 충실하려고 했으나, 독자들의 이해를 돕기 위해 일부 원문은 의역하거나 삭제하기도 했다.

3. 이 책은, 먼저 각각의 성찰 앞에 전체 내용의 이해를 돕기 위한 줄거리를 정리해 놓았으며, 원문을 읽기 전 원문의 내용을 개략적으로 이해한 다음 원문을 읽을 수 있도록 구성했다. 또한 풀어쓴 이가 원문에 대해 설명을 덧붙여 독자들의 이해를 돕고자 했다. 원문과 풀어쓴 이의 설명은 다른 색으로 구분했다.

4. 원문 중에 설명이 필요한 용어나 문장에는 풀어쓴 이가 괄호 안에 내용을 덧붙였다.

첫 번째
성찰

첫 번째 성찰

〈첫 번째 성찰〉에서 데카르트는 조금도 의심할 수 없는 확실한 지식을 얻기 위해서 조금이라도 확실하지 않은 것은 모두 의심해 보아야 한다고 말한다. 이러한 의심은 크게 3단계에 걸쳐서 진행된다. 첫 번째 단계에서 데카르트는 감각을 통해서 얻은 지식에 대해 의심하기 시작한다. 왜냐하면 감각을 통해서 얻은 믿음이나 지식 중에는 나중에 잘못된 것으로 드러난 것이 많기 때문이다. 예를 들어, 멀리 있는 사람이 내 친구 호동이가 분명하다고 생각했는데 가까이서 보니 아닌 경우를 우리는 많이 경험해 보았다. 우리 눈에 멀리 있는 태양은 아주 작게 보이지만, 실제 태양의 크기는 지구보다 더 크다는 사실도 우리는 알고 있다.

하지만 이런 감각 경험이 모두 의심스러울까? 내가 아주 가까이서 호동이를 보고 있다면 이러한 감각 경험은 아주 믿을 만하지 않을까? 아니면 내가 지금 눈을 부릅뜨고 이 책을 읽고 있다는 감각 경험은 너무 확실해서 도무지 의심할 수 없는 것처럼 보인다. 여기서 데카르트는 두 번째 의심의 단계로 나간다. 우리는 우리가 지금 깨어 있어서 내 주위에 있는 세계를 생생하게 경험한다고 생각하지만, 어쩌면 우리가 지금 꿈을 꾸고 있을지도 모르기 때문에 데카르트는 우리가 경험하는 이 세계 자체를 의심하기 시작한다.

하지만 우리가 꿈을 꾸고 있더라도 꿈속에서조차 2+2=4와 같은 수학적 지식은 확실해 보이지 않는가? 여기서 데카르트는 세 번째 단계의 의심으로 나아간다. 이 단계에서 데카르트는 수학적 지식도 의심하기 시작하는데, 왜냐하면 무엇이든지 할 수 있는 전능하지만 사악한 신이 있어서 우리가 수학 문제를 풀 때마다 사실은 2+2=4가 아닌데 우리가 그렇게 믿도록 만들 수도 있기 때문이다. 이러한 세 번째 의심을 지나치다고 생각할 수도 있지만, 지금 데카르트는 조금이라도 의심스러운 점이 있는지 아닌지 그 여부만을 검토해 보는 단계라는 점에 유의하자.

그렇다면 왜 데카르트는 확실한 지식을 얻기 위해서 의심하는 일부터 시작할까? 데카르트는 《성찰》을 읽는 독자를 위해 책 앞부분에 여섯 성찰에 대한 요약(Synopsis)을 써 놓았는데, 여기에서 데카르트는 왜 의심이 필요한지에 대해서 다음과 같이 세 가지 이유를 제시한다. 첫째, 의심은 모든 선입견에서 우리를 벗어나게 한다. 둘째, 의심은 우리 정신을 감각에서 떼어 놓는 가장 쉬운 길이다. 셋째, 의심은 우리가 참인 것으로 발견한 것에 대해서는 더 이상 의심할 수 없게 해 준다.

1. 의심을 해야 하는 이유

데카르트가 《성찰》을 쓰게 된 가장 큰 이유는 이 책을 읽는 독자가, 데카르트가 그랬던 것처럼, 더 이상 의심할 수 없는 확실한 지식을 얻을 수 있게 돕고 싶었기 때문이다. 그래서 데카르트는 조금이라도 의심스러운 모든 믿음과 지식을 버리라고 말한다. 누구나 멀리서 친구 호동이가 걸어온다고 생각하고 인사를 했는데, 가까이서 보니 호동이가 아니어서 겸연쩍었던 경험이 있을 것이다. 그리고 호동이와 함께 신 나게 놀았다고 생각했는데, 알고 보니 꿈이었던 경험도 있을 것이다. 따라서 우리가 눈으로 무엇을 보아서 얻은 것은 항상 믿을 만한 지식은 아니다.

데카르트는 여기서 우리가 눈으로 본 것, 코로 냄새를 맡은 것, 손으로 만져 본 것 등 감각 기관을 통해서 알게 된 것은 의심할 필요가 있다고 주장한다. 의심스러운 것은 확실한 지식이 될 수 없기 때문이다. 물론 뒤에 나오지만 데카르트는 감각적 지식만이 아니라 수학적 지식과 같은 감각적이지 않은 지식까지도 의심하는 과정을 거쳐서 확실한 지식을 찾으려고 한다.

몇 해 전에 나는, 어린 시절에 거짓된 것을 내가 얼마나 많이 참이라고 간주했는지, 또 그러한 거짓된 것 위에 세워진 건축물이 얼마나 의심스러운지에 대해서 충격을 받았다. 그래서 학문에서 확고부동한 어떤 것을 세우려 한다면 일생에 한 번은 이 모든 것을 철저하게 부수고 기초에서부터 새로 시작하는 일이 필요하다는 것을 깨달았다. 그런데 이것은 어마어마한 일이라고 생각했기 때문에, 이 일을 적절하게 실행할 수 있는 성숙한 나이가 되기를 기다렸다. 이 일을 오랫동안 미루어 왔으므로, 더 미루어 남은 시간을 계속 허비한다면 나는 이제 비난받아 마땅할 것이다. 그래서 오늘 나는 내 정신을 모든 근심에서 벗어나게 하고 자유로운 시간을 만들었다. 나는 여기 홀로 조용히 진지하고 자유롭게 내 의견을 완전히 전복시키려고 한다.

그러나 이를 위해 내 모든 의견이 거짓임을 보여 줄 필요는 없을 것이다. 이것은 결코 내가 할 수 없는 일이다. 오히려 이성은 나에게 다음과 같이 생각하게 한다. 명백히 거짓인 것에 대하여 신중하게 동의를 하지 않는 것처럼, 나는 전적으로 확실한 것이 아니거나 의심할 수 없는 것이 아닌 것에 대해서도 동의를 해서는 안 된다는 것이다. 따라서 나의 모든 의견을 거부하기 위해서, 내 의견들 각각에 의심할 만한 이유를 조금 찾는 것으로도 충분할 것이다. 그리고 이렇게 하기 위해서 의견들을 하나하나 검토할 필요는 없다. 이것은 끝이 없는 일이다. 건물의 토대가 무너지면, 그 위에 세워진 것도 저절로 무너지는 법이니, 나는 나의 모든 믿음이 의존하는 원리들 자체로 곧장 나아갈 것이다.

데카르트는 의심할 수 없는 확실한 지식을 찾기 위해서 우리가 그동안 당연하게 받아들였던 모든 것을 의심해 보아야 한다고 말한다. 그런데 우리는 의심할 수 없는 확실한 지식을 찾기 위해서 우리가 가진 모든 지식을 하나하나 다 검토해 보아야 하는 것일까? 이 질문에 대해 데카르트는 그럴 수는 없다고 답한다. 우리가 가진 믿음과 지식의 수가 너무 많기 때문이다.

그러면 데카르트가 제안한 방법은 무엇일까? 텔레비전에서 오래된 빌딩을 폭파시키는 장면을 본 적이 있을 것이다. 건물의 방 하나하나를 해체하는 것이 아니라 건물 밑을 폭파시키면 건물 전체가 무너지게 되어 있다. 이와 마찬가지로 데카르트는 우리가 가진 지식이나 믿음의 토대가 튼튼한지 어떤지 한번 무너뜨려 보려고 한다. 만약 토대가 튼튼하면 건물이 살아남고, 그렇지 않다면 무너질 것이다.

데카르트가 《성찰》을 통해 폭파해 보고자 하는 이 건물의 토대는 우리가 감각 ─ 눈으로 본 것, 만져 본 것, 냄새를 맡아 본 것, 맛을 본 것 ─ 을 통해서 얻은 지식이다. 그래서 데카르트는 그동안 우리가 당연하게 생각해 왔던 지식의 토대인 감각을 통해서 얻은 지식이 얼마나 튼튼한지 한번 무너뜨려 보려고 하는 것이다.

2. 감각으로 얻은 지식에 대한 거부

내가 지금까지 가장 참된 것으로 여겨 온 것은 모두 감각으로부터, 아니면 감각을 통해서 받아들인 것이다. 하지만 감각은 때때로 우리를 속인다는 것을 나는 알고 있으며, 단 한 번이라도 우리를 속인 것에 대해서는 전적으로 신뢰하지 않는 편이 현명한 일이다.

여기서 우리 지식이나 믿음의 토대라고 생각하고 있는 감각을 의심하는 데카르트의 논증은 다음과 같이 진행된다.

1. 내가 지금까지 지식이나 진리로 받아들인 것은 모두 감각으로부터, 아니면 감각을 통해서 받아들인 것이다.
2. 감각은 때때로 우리를 속인다.
3. 그러므로 한 번이라도 우리를 속인 것에 대해서는 전적으로 신뢰하지 않아야 한다.

하지만 데카르트의 이러한 논증은 좀 지나치게 느껴진다. 감각이 가끔 우리를 속이지만 그렇다고 우리를 항상 속이는 것은 아니다. 예를 들어, 우리는 가끔 멀리 있는 사물에 대해서 착각하기도 하지만 그렇다고 눈이 보는 모든 것을 믿을 수 없다는 것은 좀 이상해 보인다. 예를 들어 텔레비전이나 신문의 뉴스가 종종 잘못된 소식을 전하기는 하지만 그렇기 때문에 모든 뉴스를 믿어서는 안 된다고 하는 것은 지나친 주장이다.

그렇다면 데카르트는 왜 이런 생각을 했을까? 철학자들은 데카르트의 이러한 의심의 방법을 '방법적 회의', 혹은 '과장법적 회의'라고 부른다. 즉 확실한 지식을 얻기 위한 '방법'으로서 '과장하여' 의심을 해 본다는 뜻이다. 그래서 조금이라도 의심스러운 구석이 있는 것은 믿지 않는 것이 데카르트의 전략인 셈이다. 과장해서 의심해 보는 방법을 통해서도 의심할 수 없는 것이라면 그건 확실한 것이라고 할 수 있다.

하지만 우리는 여기서 데카르트를 오해하지 말아야 한다. 데카르트의 목적은 의심하기 위해서 의심하는 것이 아니라, 의심을 통해서 의심할 수 없는 지식을 구별하고자 하는 것이다. 그래서 일단 의심의 기준을 높이 잡아 한 번이라도 의심할 만한 일이 있었다면 믿지 말자고 주장한 것이다.

3. 그래도 의심할 수 없는 감각적 믿음들

하지만 데카르트는 금세 우리가 의심할 수 없는 감각적 지식도 있다는 사실을 발견하게 된다. 멀리 있는 사람을 보고 우리는 호동이라고 생각하고 종종 인사를 잘못하기는 하지만 내가 지금 이 책을 읽고 있다는 사실, 그리고 이러저러한 옷을 입고 있다는 사실은 너무나 확실해서 감각이 잘못 전달하는 것 같지는 않듯이 말이다.

그러나 감각이 때때로 아주 작은 것이라든지 멀리 떨어진 것에 대해 우리를 속일지는 몰라도, 감각으로부터 알게 된 것 가운데는 도저히 의심할 수 없는 사실도 많이 있다. 예를 들면, 내가 여기에 있다는 사실, 난롯가에 앉아 있다는 사실, 겨울 외투를 입고 있다는 사실, 내 손에 이 종이를 쥐고 있다는 사실 등등이다. 이 두 손이 그리고 이 몸이 내 것이라는 사실을 어떻게 부인할 수 있는가? 나 자신을 미치광이로 여기지 않는다면 말이다.

미치광이의 뇌는 검은 담즙에서 계속해서 생기는 나쁜 증기로 아주 손상되어 있기 때문에 알거지일 때에도 자신들은 왕이라고 확실히 믿으며, 벌거벗고 있을 때도 비단 옷을 입고 있다고 말하거나, 자신들의 머리가 진흙으로 만들어졌다고, 몸이 호박이나 유리로 되어 있다고 우겨 댄다. 그렇지만 그런 사람들은 정신이 이상한 자들이다. 그래서 내가 그것들 중에 하나를 표본으로 삼아 흉내 낸다면 나 역시도 미친 것으로 보일 것이다.

이 대목에서 데카르트는, 지금 난로 옆에서 겨울 외투를 입고 손에 종이를 들고 《성찰》을 쓰고 있는 것은 너무나 분명해서, 이것을 의심하면 미친 사람과 같다고 말한다. 즉 그러한 것들은 감각을 통해서 알게 된 믿음이지만 너무나 당연하고 생생해서 의심할 수 없는 감각적 믿음이다. 그렇다면 데카르트는 이러한 의심하기 힘든 감각적 믿음에 대해서도 과연 의심을 해야 한다고 생각한 것일까?

4. 꿈의 논증

이제 우리는 유명한 데카르트의 꿈의 논증을 살펴볼 차례다. 여러분이 이 책을 읽고 있다는 것, 그리고 이러저러한 옷을 입고 있다는 것이 너무 생생해서 의심할 수 없는 감각적 진리라고 생각할 수도 있지만, 데카르트는 이러한 경험들이 사실은 아주 생생한 꿈일 수도 있다고 말한다.

나는 밤에 꿈을 꾸고, 꿈을 꾸는 동안 미치광이가 깨어 있을 때 하는 것과 완전히 똑같은 것을, 때로는 더 이상한 것을 자주 경험한다. 밤에 꿈을 꾸는 동안, 실제로는 옷을 벗고 침대에 누워 있는데도, 내가 여기 겨울 외투를 입고 난롯가에 앉아 있다고 얼마나 자주 확신했는가? 하지만 나는 지금 두 눈을 크게 뜨고 이 종이를 보고 있다. 내가 머리를 이리저리 움직여 보니 머리는 잠들어 있지 않다. 나는 일부러 손을 뻗어 보고 느낀다. 나는 지금 내가 무엇을 하는지 알고 있다. 이러한 것들은 꿈을 꾸고 있을 때는 이렇게 분명하지 않다. 그러나 나는 꿈을 꾸면서도 이와 똑같은 생각을 하면서 속은 적이 있음을 기억한다.

이런 점을 곰곰이 생각해 볼수록, 깨어 있다는 것과 꿈을 꾸고 있다는 것을 구분하는 어떤 확실한 징표도 없다는 사실에 놀라게 된다. 이

런 놀라움으로 인해 내가 지금도 꿈을 꾸고 있을지도 모른다는 생각이
더 강해진다.

우리가 의심할 수 없다고 생각하는 경험이 사실은 꿈일지도 모른다
는 데카르트의 주장에 대해서 이렇게 말할 사람도 있을 것이다. 꿈인
지 생시인지는 내 볼을 꼬집어 보면 알 수 있다고 말이다. 하지만 데
카르트는 우리가 꿈인지 꿈이 아닌지 볼을 꼬집어 보는 그러한 꿈을
꿀 수도 있다고 설명한다. 〈인셉션〉이라는 영화를 보면, 거기서는 꿈
안에 또 다른 꿈을 꾸는 장면이 나온다. 아마도 우리는 꿈속에서 이
게 꿈인지 꿈이 아닌지 내 볼을 꼬집어 보는 또 다른 꿈을 꾸고 있는
지도 모를 일이다. 영화 〈매트릭스〉도 이러한 가능성을 보여 준다.
우리가 경험하는 모든 것이 생생하다고 생각했는데, 알고 보니 우리
는 그러한 경험을 한다고 생각하게 만드는 전기 자극을 받고 있는 것
은 아닐까?
  이처럼 우리가 생생하게 경험한다고 생각하는 하늘, 땅, 신체, 엄
마, 아빠 이 모든 물리적 대상들은 꿈일 수도 있다. 그렇다면 이러한
물리적 대상들도 모두 의심스럽게 되고 만다.

5. 꿈에서도 의심할 수 없는 지식들

그런데 우리가 생생하게 경험하는 모든 것이 꿈이라고 해도 꿈에서도 의심할 수 없는 사실이 있다. 우리가 꿈속에서 생생하게 경험하는 우리의 신체나 하늘과 땅, 우주와 같은 것은 실제로는 존재하지 않고 단지 우리가 꾸는 꿈일 수도 있지만, 예를 들어 '1+1=2'라는 수학적 사실이나 '삼각형은 세 변을 가지고 있다.'와 같은 기하학적 사실은 꿈속에서도 변함이 없다. 왜냐하면 세상이 있건 없건 내 몸이 존재하건 존재하지 않건 간에 그러한 수학적 진리는 항상 참이기 때문이다.

내가 지금 꿈을 꾸고 있다고 가정해 보자. 그래서 내가 눈을 뜨고 있다는 사실, 머리를 움직이고 손을 뻗어 본다는 등의 개별적인 것은 사실이 아니라고 가정해 보자. 그러면 아마도 나는 그런 손이나 몸도 가지고 있지 않을 것이다. 그렇지만 꿈을 꿀 때 보는 것은 일종의 그림과 같다. 그리고 이 그림은 실제로 존재하는 것들과 비슷한 방식으로 그려졌다. 그래서 눈, 머리, 손, 몸통처럼 일반적인 것(나의 신체와 같은 구체적인 것이 아니라 언젠가 경험했을 누군가의 신체와 같은 것을 지칭)은 적어도 단순히 상상의 것이 아니라 참으로 존재하는 것임을 인정해야 한다. 왜냐하면 화가들이 사이렌(그리스 신화에 나오는 반은 새, 반은 인간의 모습을 한 마녀. 아름다운 노랫소리로 선원들을 유혹하여 배를 난파시켰다)이나 사티로스 (그리스 신화에 나오는 반은 인간, 반은 염소의 모습을 한 괴물)를 아주 이상한 모습으로 만들려고 할 때조차도, 그 모습에 모든 면에서 새로운 성격을 부여할 수는 없다. 화가들은 단지 다양한 동물의 모습을 뒤섞어 놓을 뿐이다. 그렇지만 혹시 화가들이 전에 전혀 본 적이 없는, 그래서 아주 허무맹랑하고 실재하지 않는 어떤 새로운 것을 만들어 낸다고 하더라도, 이것을 구성하는 색깔만은 적어도 참된 것이어야 한다. 이런 이유로 눈, 머리, 손 등등의 일반적인 것이 상상의 것이라 하더라도, 훨씬 더 단순하고 보편적인 것은 실제로 존재한다는 사실은 인정해야 할 것이다. 말하자면 우리는 색깔처럼 단순하고 보편적인 것으로, 그것이 참이든 거짓이든 우리 생각 속에 나타나는 모든 사물들의 이미지들을 만든다.

이런 것에 속한다고 생각되는 것은 물질적 본성 일반과 물질이 공간을 차지하는 성질, 즉 공간을 차지하는(=연장되어 있는) 것의 형태, 양, 혹은 공간을 차지하는 것의 크기와 수, 그것이 존재하는 장소, 그것이 지속하는 시간 등이다.

이제 다음을 정당하게 결론 내릴 수 있다. 물리학, 천문학, 의학, 그리고 이 밖에 합성된 것(별, 인체, 물체 등 실제로 존재하는 것)을 연구하는 모든 학문은 의심스러운 것이다. 하지만 산수, 기하학, 그리고 그것들이 자연 속에 존재하든 그렇지 않든 가장 단순하고 가장 일반적인 것(방정식이나, 삼각형 등의 도형처럼 실제로 존재하지 않을 수 있는 것)을 다루는 학문은 확실하고 의심할 수 없는 어떤 것을 가지고 있다. 왜냐하면 내가 깨어 있든 잠들어 있든 둘에 셋을 합하면 다섯이고, 사각형은 오직 네 변만을 가지기 때문이다. 이렇게 분명한 진리들이 거짓일 수 있다고 의심할 수는 없다.

데카르트는 이 세상에 존재하는 모든 것이 의심스럽다 할지라도 수학적 진리나 기하학적 진리는 의심할 수 없다고 말한다. 우리가 사는 온 우주가 없어진다고 해서 수학적 진리들이 변하는 건 아닐 것이다. 우리는 1+1=2라는 수학적 사실이 적용되지 않는 장소나 시간을 상상할 수 없다. 우리가 경험하는 세상이 꿈이라면 이 세상에 아무런 물리적 대상도 존재하지 않을 수는 있지만, 그래서 그러한 것이 있다고 생각하는 감각적인 경험도 모두 의심스럽지만, 수학적 지식만큼은 의심할 수 없다는 이러한 생각에 대해서도 데카르트는 의심의 눈초리를 던질 수 있을까?

6. 나쁜 신의 가설

여기서 데카르트가 들고 나온 것이 나쁜 신의 존재를 가정해 보자는 논리다. 데카르트는 무엇이든지 할 수 있는 전능하지만 나쁜 신이 있어서, 사실은 1+1=2가 아닌데 우리가 덧셈을 할 때마다 그렇게 생각하도록 만들 수도 있다는 것이다. 만약 그런 신이 있다면 우리가 확실하다고 믿는 수학적 지식마저도 우리가 생각하는 것만큼 확실한 지식이 아닐 수도 있게 된다.

그러나 내 정신 속에는 오래된 한 가지 생각이 새겨져 있다. 그것은 나를 지금의 모습으로 만든 전능한 신이 존재한다는 생각이다. 그렇다면 땅, 하늘, 공간을 차지하는 사물, 모양, 크기, 장소는 존재하지 않지만, 동시에 이러한 것들을 지금 내가 보고 있는 그대로 존재하는 것처럼 생각하도록 신이 만들지 않았다고 어떻게 장담할 수 있겠는가? 게다가 사람들이 가끔 자기가 완전하게 알고 있다고 생각하는 것에서도 잘못을 저지르는 것처럼, 나도 둘에 셋을 더할 때, 또는 사각형의 변을 셀 때, 아니면 심지어 이보다 더 쉬운 문제에서도 잘못을 저지를 수도 있을 것이다.

하지만 사람들이 신은 선하다고 말하는 것으로 봐서 신은 아마도 이런 식으로 내가 속도록 만들지는 않았을 것이다. 하지만 신이 나를 항상 속도록 창조했다는 것이 신의 선함과 맞지 않다면, 신이 내가 가끔 속도록 허락했다는 것 또한 마찬가지로 신의 선함과 맞지 않아 보인다. 그렇지만 내가 가끔 속는다는 것은 분명한 사실이다.

데카르트의 나쁜 신의 가설은 지나치게 허황된 이야기로 들릴 수도 있다. 왜냐하면 우리를 속이는 신이 만약 존재한다면 이 세상에 믿을 수 있는 것은 아무것도 없다는 것은 당연하다고 생각할 수 있기 때문이다. 하지만 신이 존재한다고 믿지 않는 사람들은, 속이는 신이든 그렇지 않은 신이든 신은 애초에 존재하지 않기 때문에 수학적 지식은 의심할 수 없는 확실한 지식으로 생각해도 되지 않을까 반문할 수도 있을 것이다. 하지만 데카르트가 여기서 말하고자 하는 것은 신이 진짜로 있는지 없는지에 대한 것이 아니다. (데카르트는 〈세 번째 성찰〉에서 신이 존재한다는 것을 '증명'하고 또한 그 신이 나쁜 신이 아니라는 사실도 '증명'한다.)

사실 신이 없다는 것을 확실하게 증명할 수 없다면 신이 있을 가능성이 존재하고, 신이 있을 가능성이 존재한다면 신이 나쁠 가능성도 얼마든지 존재할 것이다. 따라서 조금의 가능성이라도 있으면 의심해 보겠다는 데카르트의 의지는 여기서도 일관되게 적용될 수밖에 없다. 그렇다면 진정 우리가 확실하다고 믿을 만한 지식은 없는 것인가? 이에 대한 대답은 〈두 번째 성찰〉에서 찾아보기로 하자.

두 번째
성찰

두 번째 성찰

〈첫 번째 성찰〉에서 데카르트는 우리가 감각을 통해서 갖게 된 모든 믿음과 지식을 의심했다. 또 우리가 보는 이 세계 전체는 사실 지금 우리가 꿈을 꾸는 것인지도 모르기 때문에, 의심의 여지가 없을 것 같은 아주 생생한 경험까지도 의심할 수 있다고 주장한다. 더 나아가 꿈속에서조차 확실하다고 여겨지는 '1+1=2'와 같은 수학적 진리나 '삼각형은 세 변을 가지고 있는 도형이다.'와 같은 기하학적 진리 역시 나쁜 신이 우리를 항상 속이고 있을지 모르기 때문에 의심할 수 있다고 말한다.

그렇다면 우리가 가진 모든 믿음이나 지식은 다 의심할 수밖에 없는가? 확실한 것은 정말 아무것도 없는가? 고민하던 데카르트는 〈두 번째 성찰〉에서 절대로 의심할 수 없는 하나의 사실을 발견한다. 그것은 '나는 의심한다, (그러므로) 나는 존재한다.'는 사실이다. 내가 어떤 것에 대해서 의심하는 한 의심하는 나 자신이 존재한다는 것은 분명하다. 의심하기 위해서는 누군가 의심하는 사람이 있어야만 하기 때문이다. 또한 나쁜 신이 있어서 누군가를 속이려면 속는 누군가가 반드시 있어야만 한다. 그 의심하는 사람, 속는 사람이 바로 '나'다.

더 나아가 〈두 번째 성찰〉에서 데카르트는 '의심하는 나'가 존재한다면, 이 존재하는 나는 도대체 어떤 특성을 가졌는가에 대해서 탐구한다. 앞의 〈첫 번째 성찰〉에서 이 세상에 존재하는 물질적인 것은 모두 의심되었기 때문에 내가 몸을 가진 존재일 수는 없다. 왜냐하면 내 몸도 물질이기 때문이다. 따라서 〈두 번째 성찰〉에서 데카르트는 존재하는 나의 특징은 '생각하는 것'이라는 결론을 내린다. 그리고 이 생각한다라는 말의 의미는 "우리가 의심하고, 의지하고, 상상하고, 감각한다는 것"이라고 말한다.

요약하자면, 〈두 번째 성찰〉에서 데카르트가 이끌어 내는 결론은 크게 다음과 같다. 1. 나는 생각한다(의심한다), 나는 존재한다. 2. 나는 생각하는 것으로 존재한다. 3. 생각한다는 것은 의심하고, 의지하고, 상상하고, 감각한다는 것이다.

1. '나는 생각한다, (그러므로) 나는 존재한다.'

〈두 번째 성찰〉에서 데카르트는 그 유명한 '나는 생각한다, 그러므로 나는 존재한다.'는 결론을 내린다. 이 책을 읽는 여러분들도 '나는 ~한다, 고로 존재한다.'는 패러디를 많이 들었을 것이다. 이 패러디의 원저자가 바로 데카르트다. 그렇다면 데카르트는 어떻게 '나는 존재한다.'는 결론을 내리게 되는 걸까?

어제 성찰로 인해 나는 아주 심각한 의심 속에 빠져 있어서, 의심을 머리에서 쫓아내 버릴 수도 없고 또 이 의심에서 어떻게 벗어날 수 있는지도 모르겠다. 나는 마치 예기치 못하게 소용돌이치는 깊은 물속에 빠져 허우적대며, 바닥에 발을 대지도 못하고 헤엄쳐서 물 위로 올라갈 수도 없는 것처럼 느껴진다. 그럼에도 불구하고 힘을 내서 어제 들어선 그 길을 다시 한 번 가려고 한다. 아주 조금이라도 의심의 여지가 있는 어떤 것이라도 마치 완전히 거짓으로 경험한 것처럼 제쳐 놓자. 그리고 확실한 것을 만날 때까지, 아니 하다못해 확실한 것은 아무것도 없다는 것을 확실히 알게 될 때까지, 나는 이런 식으로 계속 나아갈 것이다. 아르키메데스(고대 그리스의 수학자. '긴 지렛대와 지렛목만 있으면 지구도 움직일 수 있다.'라고 말한 것으로 전해진다)는 지구 전체를 들어 올리기 위해서 확고부동한 하나의 점만을 찾고자 했다. 나 역시 아무리 작더라도 확실하고 흔들리지 않는 하나의 사실만을 발견하게 된다면 큰일을 할 수 있다고 희망할 수 있지 않을까.

그렇다면 내가 보는 모든 것은 거짓이라고 가정하자. 나는 내가 기억하는 것은 거짓이며, 아무것도 일어난 적이 없다고 믿을 것이다. 나는 어떠한 감각도 갖고 있지 않다. 물체, 형태, 연장, 운동 및 장소도 환영일 뿐이다. 그렇다면 무엇이 참이란 말인가? 아마도 확실한 것은 아무것도 없다는 이 한 가지 사실뿐이다.

하지만 내가 방금 열거한 모든 것과는 다른, 조금도 의심할 수 없는 것은 아무것도 없다는 것을 나는 어떻게 아는 것일까? 신, 아니면 내가 그를 뭐라고 부르든 간에, 신과 같은 존재가 지금 내가 하는 생각을 나에게 불어넣어 주는 것은 아닐까? 그런데 나는 왜 이런 생각을 하고 있을까? 나 자신이 이런 생각을 만들어 낸 것은 아닐까? 그렇다면 적어도 나는 어떤 것이 아닐까? 그러나 방금 전에 나는 어떤 감각이나 신체를 가지고 있지 않다고 말했다. 나는 여기서 잠시 주춤거리게 된다. 여기에서 어떤 결론이 나와야 할까?

나는 신체와 감각과 결합되어 있어서 그것들 없이는 존재할 수 없다는 것일까? 하지만 세상에는 아무것도 없다고, 하늘, 땅, 정신, 물체가 없다고 나 스스로를 설득하지 않았던가? 그럼 이제 나 자신도 없다는 결론이 나오는가? 아니다. 내가 만일 나에게 어떤 것을 설득했다면,

나는 확실히 존재했다. 그러나 누군지는 몰라도 의도적으로 계속해서 나를 속이는 대단히 능력 있고 교활한 사기꾼이 있다고 하자. 그런 경우라도 그가 나를 속이고 있다면, 내가 존재한다는 것 역시 의심할 수 없다. 그가 온 힘을 다해 나를 속이게 하자. 하지만 내가 어떤 것이라고 생각하는 한 그는 결코 내가 아무것도 아니게끔 만들 수는 없을 것이다.

따라서 이 모든 것을 철저하게 생각해 본 결과, 나는 있다, 나는 존재한다는 이 명제는 내가 이것을 말할 때마다 혹은 마음속에 떠올릴 때마다 반드시 참이라고 결론 내려야만 한다.

앞에서 살펴본 것처럼, 〈첫 번째 성찰〉에서 데카르트는 수학적 진리를 포함해서 모든 믿음과 지식을 의심했다. 그런데 모든 것을 의심하기 위해서는 의심하는 사람이 존재해야 한다. 또 나쁜 신이 나를 속이기 위해서는 '속는 나'가 존재해야 할 것이다. 속을 사람이 없다면 나쁜 신은 아무도 속일 수 없을 것이다.

한번 사고 실험을 해 보자. '이제 나는 존재하지 않는다.'고 생각해 보자. 그런데 나는 존재하지 않는다는 생각을 하기 위해서는 그런 생각을 하는 사람이 존재해야 한다. 따라서 나는 존재하지 않는다는 생각을 할 때라도 역설적으로 '나'는 존재할 수밖에 없다. 내가 모든 것을 의심한다고 하더라도, 그렇지만 바로 그러한 의심을 한다는 사실 때문에, 의심할 수 없는 한 가지 사실, 나는 존재한다는 것을 알게 되기 마련이다.

　그런데 이런 생각을 하는 사람도 있을 것이다. 내가 의심하는 동안 존재하는 것은 '의심하고 있는 생각'이지 꼭 '나'일 필요는 없다. 그러니까 '의심한다, 그러므로 의심이 존재한다.' 혹은 '나는 생각한다, 그러므로 생각이 존재한다.'라고 말해야 하는 것 아니냐고 말이다. 하지만 생각이 혼자 둥둥 떠다닌다고 가정할 수는 없으니, 이 생각의 주인이 있어야만 한다. 그래서 데카르트는 그 생각의 주인인 '나'가 있다고 말하는 것이다.

2. 존재하는 나는 '어떤' 나인가?

앞에서 데카르트는 모든 것을 의심할 수 있지만 '나'가 존재한다는 것은 의심할 수 없음을 증명했다. 하지만 내가 존재한다는 것은 확신했지만, 이 존재하는 나가 과연 '어떤' 나인지 아무것도 알지 못하는 상태다. 내가 존재한다면 존재하는 나는 어떤 사람인가? 흔히들 '나'는 키가 170cm이고 몸무게가 65㎏이고 얼굴은 둥글둥글하고 코는 좀 낮은 편이라고 설명할 것이다. 그것도 아니라면 나는 대한민국 어느 지방에 살면서 어느 학교 몇 학년 몇 반 학생이라고 말할 수도 있을 것이다.

하지만 이미 〈첫 번째 성찰〉에서 데카르트는 세상에 공간을 차지하는 물질적인 것은 존재하지 않는다고 의심했기 때문에 나는 이러저러한 신체적 특징을 가진 나일 수는 없다. 왜냐하면 신체 역시 공간을 차지하는 물질적인 것이기 때문이다. 더 나아가 데카르트는 물질적인 이 세상의 존재 자체도 의심하는 상태이기 때문에 아직 〈두 번째 성찰〉에서는 내가 다니는 학교나 내가 살고 있는 대한민국의 어느 지방 역시 존재하는지가 의심스러운 상태다.

그렇지만 나는 지금 반드시 존재하는 이 '나'가 무엇인지를 아직 충분히 알고 있지 않다. 그러므로 나는 부주의하게 다른 것을 이 나로 간주하지 않도록, 그리고 내가 가진 지식 중에서 가장 확실하고 분명한 이 항목 속에서 실수하지 않도록 조심을 해야만 한다. 그러면 내가 현재의 이러한 생각을 시작하기 전으로 돌아가서 나는 나를 원래 무엇이라고 믿었는지 살펴보자. 나는 방금 제시된 논증에 의해 아주 조금이라도 흔들릴 수 있는 것은 모두 제거시킬 것이다. 그러면 오직 확실하고 흔들리지 않는 것만이 마지막에 남을 것이다.

그렇다면 전에 나는 나를 무엇이라고 생각했었나? 물론 인간이라고 생각했다. 그렇다면 인간이란 무엇인가? 이성적인 동물이라고 말해야 하는가? 아니다. 그러면 동물이란 무엇이고, 이성이란 무엇인가에 대해 물어야 한다. 이런 식으로 하나의 질문은 더 어려운 질문으로 나를 이끌고 갈 것이다. 그리고 나는 지금 이런 종류의 세세한 문제들에 낭비할 시간이 없다. 대신에 나는 전에 내가 무엇인지를 생각할 때마다 내 생각 속에 저절로 자연스레 떠올랐던 것에 집중해 보고자 한다.

첫 번째로 떠올랐던 것은 내가 얼굴, 손, 팔 그리고 기계적 구조를 가진 사지를 가지고 있다는 사실이었다. 이 기계적 구조는 시체에서도 볼 수 있는 것으로 나는 그것을 신체라고 불렀다. 두 번째로 나에게 떠올랐던 것은, 나는 영양을 섭취하고 움직이고 느끼고 생각한다는 사실이었다. 나는 이런 활동들을 영혼에 귀속시켰다. 그러나 나는 이 영혼의 본성에 관해서는 생각해 보지 않았으며, 혹은 나는 영혼을 바람,

불, 공기 같은 미세한 것으로서 보다 딱딱한 나의 신체 속에 퍼져 있다고 상상했다. 하지만 나는 물체에 대해서 아무런 의심도 하지 않았으며, 물체의 본성을 분명하게 알고 있다고 생각했다. 내가 만일 물체에 대해 갖고 있던 생각을 표현했다면 다음과 같이 했을 것이다. 물체는 특정한 모양이 있고 특정한 장소를 차지하며, 다른 물체를 배제하는 방식으로 공간을 차지(같은 공간에 두 개의 물체가 동시에 있을 수는 없다는 의미)한다. 또 물체는 촉각, 시각, 청각, 미각 및 후각에 의해 지각될 수 있으며, 스스로 움직이는 것이 아니라 다른 것들과 충돌함으로써 이리저리 움직인다. 왜냐하면 나는 감각하는 힘이나 사유하는 힘과 달리 물체는 본성상 스스로 움직일 수 없다고 판단했기 때문이다.

여기서 데카르트는 '나'라는 존재가 신체를 지녔다는 사실을 확신했던 과거의 지식을 다시 정리하고 있다. 그 이유는 이제 신체가 존재하는 것을 확신할 수 없기 때문에 '나는 존재한다.'라고 확신할 수 있다면, 그 존재하는 나의 특성을 '생각하는 것'이라고 주장하고 싶어서이다.

그 내용은 다음에서 보기로 하고 여기서 잠깐 데카르트가 왜 '영양을 섭취하고 움직이고 느끼고 생각한다.'라는 특성을 '영혼'에 귀속시키는지 살펴보자. 데카르트에게 영혼은 '정신'과 동일한 의미로 이해하면 된다. 데카르트가 활동하던 17세기 유럽은 아직도 그리스 철학자인 아리스토텔레스의 철학이 막강한 영향력을 행사하던 시기였다.

특히 기독교 신앙을 이성으로 설명하고 옹호하기 위한 도구로 이용하면서, 아리스토텔레스 철학은 유일한 철학으로 인정될 정도였다. 데카르트 역시 어릴 적 예수회가 세운 학교에서 아리스토텔레스 철학을 공부했다. 하지만 데카르트는 아리스토텔레스의 철학에 문제가 있다고 생각해서 그것을 밀어내고 '새로운 철학'을 제시하고 싶었고, 이러한 노력의 하나로 《성찰》을 집필했다. 먼저 결론부터 말하자면 둘 사이의 차이는 아리스토텔레스 철학은 감각에 의존하는 지식을 중요하게 생각하지만, 데카르트는 감각에 의존하지 않고 지성을 통해서 얻는 지식을 강조한다는 점이다.

아리스토텔레스 철학에서는 인간의 영혼이 세 부분, 즉 영양을 섭취하는 식물적인 부분, 움직이고 감각하는 동물적인 부분, 생각하는 이성적인 부분으로 되어 있다고 믿었다. 아리스토텔레스가 영혼이라고 부르는 것은 인간을 인간으로 만드는 어떤 힘, 인간이 아닌 다른 생명체의 경우, 생명체를 살아 있게 만드는 어떤 힘으로 이해하면 된다. 따라서 인간만이 아니라 식물이나 동물 역시 살아 있기 때문에 영혼을 가진다고 본다. 식물이나 동물과 달리 인간은 이성을 가지고 있지만 육체도 있기 때문에 생각하는 이성적인 부분이 활동하기 위해서는 반드시 감각적인 부분이 동반되어야 한다. 하지만 데카르트는 〈첫 번째 성찰〉에서 감각을 통해서 얻은 믿음이나 지식을 의심하게 된다. 따라서 자연스럽게 감각을 중요시하는 아리스토텔레스 철학과 멀어지게 된다.

3. 생각한다는 것은 어떤 것일까?

이제 데카르트는 그럼 '생각한다'는 것은 무엇인가라고 물으며 그 답을 찾아 나선다.

그렇다면 나는 무엇인가? 생각하는 것이다. 생각한다는 것은 무엇인가? 의심하고 이해하며, 긍정하고 부정하며, 바라고 바라지 않으며, 또한 상상하고 감각하는 것이다.

만약 이 모든 것이 나에게 속해 있다면, (그 내용은) 결코 적은 것이 아니다. 그러나 정말 그런가? 지금 거의 모든 것을 의심하고, 그럼에도 불구하고 몇몇 것에 대해서는 이해하며, 이것은 참이라고 긍정하고, 그 외 나머지 모든 것은 부정하며, 더 많이 알고 싶어 하고, 속지 않기를 바라며, 의도하지 않았음에도 불구하고 많은 것을 상상하고, 많은 것을 분명하게 감각에서 온 것이라고 알고 있는 사람이 바로 이 '나'가 아닌가? 심지어 내가 항상 잠자고 있다고 하더라도, 또 나를 창조한 자가 나를 속이려고 온갖 애를 다 쓴다 하더라도, 이 모든 것은 내가 존재한다는 사실만큼 참되지 않은가?

이러한 활동들 가운데 어떤 것이 내 생각과 구별되는가? 그것 가운데 어떤 것이 나 자신과 분리될 수 있다고 말할 수 있는가? 의심하고 이해하고 바라는 것이 바로 나라는 사실은 너무 확실하기 때문에, 나는 이 사실을 더 명백하게 설명할 길이 있는지 모르겠다. 하지만 상상하는 '나' 역시 똑같은 '나'라는 것이 분명하다. 왜냐하면 앞에서 가정한 것처럼, 상상된 것은 어떤 것도 실제로 존재하지 않는다 하더라도, 상상하는 힘 그 자체는 실제로 존재하며, 내 생각의 한 부분이기 때문이다. 마지막으로 나는 감각을 가지고 있다. 나는 마치 감각을 통해서 물질적인 것을 아는 것 같다. 예를 들어, 나는 지금 빛을 보고 소리를 들으며 뜨거움을 느낀다. 그러나 나는 지금 자고 있고 이러한 감각은 모두 거짓이다. 하지만 나는 분명히 보고 듣고 따뜻함을 느끼는 것처럼 보인다. 이것은 거짓일 수가 없다. 이것이 엄격한 의미에서 감각한다는 말의 뜻이다. (그러므로) 이러한 엄격한 의미에서 감각한다는 것은 생각한다는 것과 다르지 않다.

여기서 데카르트는 '생각한다'라는 것은 의심하고 이해하고, 긍정하고 바라고, 상상하고 감각하는 것이라고 말한다. 그런데 데카르트도 말한 것처럼 의심하고 이해하고 긍정하고 바라는 것이 생각에 속한다는 것은 더 이상 설명하기가 불필요할 정도로 당연하게 보인다. 하지만 상상하는 것과 감각하는 것도 생각하는 것이라고 말할 수 있는가? 왜냐하면 우리가 어떤 것을 상상하기 위해서는 우리가 실제로 경험한 물체의 존재를 가정하기 때문이다. 예를 들어, 우리가 유니콘을 상상할 때, 비록 유니콘이 실제로 존재하지는 않지만, 그럼에도 불구하고 우리가 이미 실제로 경험한 '말'의 모양과 '뿔'의 모양을 합성해서 유니콘을 상상한다. 즉 우리는 실제로 경험하지 않은 것을 바탕으로 상상할 수는 없다. 따라서 어떤 것을 상상하기 위해서는 실제로 경험한 물질적 존재가 가정되어야 한다. 하지만 앞에서 물질적 존재는 모두 의심하지 않았는가? 그렇다면 데카르트는 여기서 왜 상상하는 것을 생각하는 것의 일종이라고 말할까? 데카르트는 상상하는 것 자체는 물체의 존재를 필요로 하지만, 상상을 하는 힘 그 자체는 우리 생각 속에 있다고 지적한다.

　감각하는 것은 어떤가? 우리가 눈으로 보기 위해서는 우리 바깥에 우리 눈에 보이는 물체가 있어야 한다. 그런데 데카르트는 이미 물체의 존재에 대해서 의심했다. 그렇다면 데카르트는 왜 감각하는 것이 물체가 없어도 가능한 '생각'에 속한다고 했을까? 상상의 경우와 마찬가지로, 데카르트는 감각하기 위해서는 물체가 필요하지만 감각하는 것 자체는 우리 생각 속에서 일어나는 일이라고 말하고 있다. 예를 들어, 영화 〈매트릭스〉에서처럼 나쁜 과학자가 우리 두뇌 속에 전기 자극을 주어 실제로는 그렇지 않지만 지금 이 책을 읽고 있다는 생생한 감각적 경험을 우리가 가지도록 만든다 하더라도, 그러한 가짜의 감각적 경험을 한다는 사실 자체는 우리 생각 속에서 일어나는 일이라는 말이다. 그러므로 데카르트는 여기서 감각한다는 것은 생각하는 것과 다르지 않다고 말하고 있다. 즉 물질적인 것이 존재해야만 가능한 감각(감각 기관)과 달리, 감각하는 힘(능력)은 물질적인 것이 필요 없는 생각에 속하는 것으로 이해한 것이다.

4. 밀랍의 예

데카르트는 '생각한다'는 말의 의미를 더 분명하게 하기 위해서 이 번에는 '밀랍'의 예를 들고 있다. 텔레비전에서 나폴레옹이나 중세의 기사와 똑같이 닮은 밀랍 인형을 본 적이 있을 것이다. 이 밀랍 인형 을 만드는 재료가 밀랍인데, 밀랍은 벌집을 녹여 만든다. 밀랍이 이 해가 잘 안 되면 그냥 양초라고 생각해도 된다.

사람들이 보통 무엇보다도 가장 분명하게 이해한다고 생각하는 것, 즉 우리가 만지고 보는 물체에 대해서 한번 살펴보자. 나는 물체 일반 이 아니라 특정한 물체를 말하는데, 일반적인 지각은 다소 헷갈리기 쉽기 때문이다. 예컨대 밀랍 한 조각을 살펴보자. 이 밀랍은 방금 벌집 에서 꺼낸 것이다. 아직도 꿀맛을 간직하고 있고, 꽃향기도 약간 유지 하고 있다. 색깔이나 모양, 크기도 분명히 보인다. 이것은 딱딱하고, 차갑고, 쉽게 만질 수 있으며, 똑똑 두드리면 소리를 낸다. 말하자면, 이 밀랍은 어떤 물체가 가능한 한 분명하게 알려지기 위해 필수적인 듯한 모든 요소를 가지고 있다.

하지만 내가 말하는 동안에 이 밀랍을 불 가까이에 놓았더니, 남아 있던 맛은 없어지고 향기는 날아가 버렸다. 색깔은 변하고 모양은 사라져 버렸고 크기는 더 크게 되었다. 밀랍은 액체가 되어서 뜨거워 졌다. 거의 잡을 수도 없으며 때려도 소리가 나지 않는다. 그럼에도 똑같은 밀랍으로 남아 있는가? 그렇다고 인정해야만 한다. 아무도 이것을 부인하지 않고, 아무도 다르게 생각하지 않는다. 그렇다면 내가 밀랍에서 그토록 분명하게 이해하고 있다고 생각한 것은 무엇이었나? 확실히 감각을 통해서 얻은 특징들은 아니다. 왜냐하면 미각, 시각, 촉각, 청각을 통해서 들어온 것은 모두 변했지만, 그럼에도 밀랍은 남아 있기 때문이다.

아마도 그것은 내가 지금 생각하는 밀랍 자체였을 것이다. 즉, 이 밀랍은 꿀의 단맛, 꽃의 향기, 흰 색깔, 모양, 소리가 아니었다. 오히려 이 밀랍은 조금 전에는 이러한 다양한 형태로 나에게 나타났지만, 지금은 다른 모양으로 나에게 나타나는 물체였다. 그러나 내가 지금 상상하는 것은 정확히 무엇인가? 집중해서 밀랍에게 속하지 않는 것을 모두 제거해 봐서 무엇이 남는지를 살펴보자. 이제 남아 있는 것은 공간을 차지한다는 것, 유연하다는 것, 그리고 변할 수 있다는 것뿐이다.

그런데 이런 '유연하다'는 것과 '변할 수 있다'는 것은 무엇을 의미하는가? 이 밀랍 조각이 둥근 모양에서 사각형으로, 혹은 사각형에서 삼각형 모양으로 변할 수 있다고 내가 상상하는 것일까? 결코 그렇지 않다. 나는 밀랍이 이와 같이 무한히 변하는 것을 알 수는 있지만, 이렇게 무수히 변하는 모양을 모두 상상해 볼 수는 없다. 따라서 밀랍이

유연하고 변할 수 있다고 내가 이해하는 것은 상상력 때문이 아니다. 그러면 '공간을 차지한다(=연장되어 있다)'는 것은 무엇을 의미하는가? 밀랍의 연장 또한 알려지지 않은 게 아닌가? 왜냐하면 밀랍이 녹으면 더 많은 공간을 차지하게 되고, 끓으면 그보다 더 많은 공간을 차지하고, 열을 가하면 더욱 커지기 때문이다. 내가 밀랍이 무엇인지를 정확하게 판단하려면, 밀랍은 내가 상상을 통해서 할 수 있는 것보다 훨씬 더 다양한 방식으로 공간을 차지할 수 있다고 믿어야 한다. 그러므로 이 밀랍 조각이 무엇인지는 상상을 통해서가 아니라 오로지 정신을 통해서만 지각된다는 점을 나는 인정해야 한다.

데카르트는 왜 밀랍의 예를 드는 걸까? 밀랍이든 양초든 이것들의 특성을 한번 생각해 보자. 내 눈앞에 '유재석' 모습을 한 밀랍 인형이 있다고 해 보자. 이 인형은 고체이고 색깔은 하얗고 크기는 178cm 정도다. 그리고 인형을 두드려 보니 소리도 나고 냄새도 좀 난다. 그런데 내가 유재석 인형을 불 가까이 가지고 가니 다 녹아 버려서 방바닥에 흘러 다니는 액체가 되었다. 그런데 유재석 모습을 하던 밀랍 인형이 불에 녹아 방바닥에 흐르고 있어도 우리는 이것을 마찬가지로 '밀랍'이라고 생각하지 않을까? 물론이다. 그럼 이 밀랍을 그릇에 넣고 끓이면 어떻게 될까? 밀랍은 기체가 되거나 그릇 안에서 부글부글 끓겠지만, 우리는 이것 또한 우리가 보던 '그 밀랍'이라고 생각할 것이다. 그렇다면 유재석 모습을 하고 있다는 것은 밀랍의 특성이라 할 수 없고, 고체도 될 수 있고 액체도 될 수 있으면서 모양이 변할 수 있는 것, 혹은 고체이든 액체이든 기체이든 공간을 차지하는 것 등이 밀랍의 특성이라고 할 수 있다.

철학자들은 물체가 공간을 차지하는 성질을 어려운 말로 '연장(延長)'이라고 부른다. 연장은 물체가 길이, 넓이, 부피의 3차원적 성질을 가진다는 말이다. 그런데 이렇게 '공간을 차지'한다는 밀랍의 특성은 우리가 감각할 수 있는 것이 아니다. 왜냐하면 우리가 눈으로 볼 수 있는 것은 특정한 모양, 특정한 색깔이기 때문이다. 즉 '이러저러하게 변할 수 있는 것', 또는 밀랍이 유재석 모습의 고체든, 방바닥에 흘러 다니는 액체든, 연기로 날아다니는 기체든 '공간을 차지함'이라는 밀랍의 특성은, 우리가 감각한 것이 아니라 정신의 작용에 의해 나온 결과라는 것이 데카르트의 주장이다.

5. 자동인형의 예

밀랍의 예에 이어 데카르트는 자동인형의 예를 든다. 밀랍의 예와 마찬가지로 자동인형의 예를 통해서도 데카르트는 우리가 감각을 통해서보다는 정신의 활동을 통해서 사물을 알게 된다고 말하려고 한다.

나는 내 정신이 얼마나 쉽게 오류에 빠지는 경향이 있는지에 놀라게 된다. 우리는 밀랍이 눈앞에 있으면 밀랍 자체를 본다고 말하지, 밀랍의 색깔이나 모양을 통해서 밀랍이 눈앞에 있다고 판단한다고 말하지 않는다. (그래서) 내가 밀랍에 대해 알게 되는 것은 정신의 통찰이 아니라 오직 눈으로 보는 것을 통해서라고 곧장 결론을 내린다. 하지만 내가 방금 그러했듯이, 만약 내가 창밖을 보고 거리를 지나가는 사람을 보고 있다고 해 보자. 이때 밀랍을 보고 있다고 말하는 경우와 마찬가지로 나는 보통 사람들 자체를 보고 있다고 말한다. 하지만 나는 단지 그 안에 자동인형이 숨어 있는 모자와 옷만을 보는 것은 아닐까? 그런데도 나는 그것이 사람이라고 판단한다. 그러므로 내가 눈으로 본다고 생각하는 것을 실제로는 내 정신에 있는 판단 능력을 통해 파악하고 있다.

데카르트가 제시한 자동인형의 예는 다음과 같은 상황을 설명하기 위해서다. 어느 추운 겨울날 창밖을 보니, 두꺼운 외투를 입고 모자를 푹 눌러쓴 사람이 지나간다. 우리는 그 모습을 보고 '창밖에 두꺼운 외투를 입고 모자를 푹 눌러쓴 사람이 지나가는군.' 하고 말한다. 하지만 창밖으로 어렴풋이 보이는 모습은 사람이지만, 어쩌면 외투를 입고 모자를 눌러쓴 것은 사람이 아니라 사람과 아주 비슷하게 생긴 자동인형, 즉 로봇일 수도 있다. 이 경우 우리가 눈으로 보는 것은 다만 외투를 입고 모자를 쓴, 사람처럼 보이는 것일 뿐이다. 그런데 우리가 그것을 보고 '창밖에 두꺼운 외투를 입고 모자를 푹 눌러쓴 사람이 지나가는군.'이라고 말하는 것은 시각, 더 크게는 감각의 활동이 아니라 '저기 지나가는 것은 사람이야.'라는 정신의 판단이라는 것이 데카르트가 말하고 싶은 바다.

또 다른 예를 들어 보자. 물이 담긴 투명한 컵에 유리 막대를 넣으면 막대가 휘어 보인다. 우리 눈에는 유리 막대가 휘어 보이지만 우리는 유리 막대가 휘었다고 '판단'하지 않는다. 유리 막대는 휘어 보이지만 우리는 유리 막대가 사실 휘지 않았다고 생각한다. 즉 우리는 눈에 보이는 대로, 즉 감각하는 대로 사물을 받아들이는 것이 아니라 정신의 활동을 통해 사물을 판단하고 규정하는 것이다. 좀 심하게 말하자면, 우리는 보이는 대로 믿는 것이 아니라 생각하고 판단하는 대로 본다고 할 수도 있겠다.

세 번째
성찰

세 번째 성찰

앞의 〈두 번째 성찰〉에서 데카르트는 의심할 수 없는 하나의 사실, 즉 나는 생각하는 것으로 존재한다는 사실을 발견했다. 세상에 존재하는 모든 것을 의심할 수 있어도 의심하는 '나'가 있다는 사실만은 의심할 수 없다는 말이다. 이제 의심할 수 없는 확실한 지식을 하나 발견했으니 데카르트는 그 기초 위에 건물을 세우면 될까? 하지만 데카르트에게는 아직도 해소되지 않은 어려움이 하나 더 남아 있다. 바로 사기꾼 같은 나쁜 신의 존재다. 전능한 신이 존재하고 그 신이 우리를 계속 속이고 있다면, 내가 존재한다는 사실은 의심할 수 없지만 그것을 제외한 다른 모든 것들은 여전히 의심스러울 수밖에 없다.

그래서 데카르트는 〈세 번째 성찰〉에서 신이 존재하는지, 존재한다면 그 신은 선한 신인지 나쁜 신인지를 검토한다. 먼저 데카르트는 이번 성찰에서 신이 존재한다는 것을 두 가지 방법으로 증명한다. 그렇게 신의 존재를 증명하고 나서 그 신은 완벽하기 때문에 속이지 않는다는 것을 증명한다.

그런데 신이 완벽하다는 것과 속이지 않는다는 것 사이에는 무슨 관계가 있을까? 만약 어떤 사람이 누군가를 속인다면 우리는 그 속이는 사람이 다른 면에서 아무리 뛰어나다 하더라도 완벽하다고 말하지는 않을 것이다. 누구를 속이는 사람은 완벽하다는 칭찬과 어울리지 않는다. 신도 마찬가지다. 그러니 신이 완벽하다면 우리를 속이지 않을 것이라는 것이 데카르트의 주장이다.

1. 진리의 일반 규칙

〈두 번째 성찰〉에서 데카르트는 의심할 수 없는 진리인 '나는 생각한다, (그러므로) 나는 존재한다.'는 사실을 발견했다. 이제부터 데카르트는 이 의심할 수 없는 확실한 진리를 기초로 해서 의심할 수 없는 확실한 학문이라는 건물을 쌓으려고 한다.

내가 생각하는 것이라는 사실은 확실하다. 그러므로 나는 어떤 것을 확신하기 위해 필요한 것을 이미 알고 있는 것은 아닐까? 이 첫 번째 지식 속에는 내가 주장하는 것에 대한 명확하고 분명한 지각이 있다. 만약 내가 명확하고 분명하게 지각한 것이 거짓으로 드러날 수 있다면, 나는 이런 지각으로 사물의 진리를 충분히 확신할 수 없을 것이다. 그러므로 이제 내가 아주 명확하고 분명하게 지각하는 모든 것은 참이라는 것을 일반적 규칙으로 설정할 수 있는 것처럼 보인다.

앞에서 우리가 살펴보았듯이, 데카르트가 모든 믿음과 지식을 의심하는 이유는 그가 모든 것을 의심하는 회의주의자이기 때문이 아니라 의심할 수 없는 진리를 찾아서 그 위에 튼튼한 건물, 즉 의심할 수 없는 확실한 지식 체계를 세우려고 하기 때문이다. 그래서 〈세 번째 성찰〉에서 데카르트는 '내가 명확하고 분명하게 지각하는 것은 모두 참이다.'라는 것을 진리의 일반 규칙으로 설정하겠다고 말한다. '명확하고 분명한 지각'은 철학자들이 흔히 '명석 판명한 지각'이라고 부르는 것이다. 명석하고 판명하다는 말이 좀 어려운데, '명석하다'는 것은 하나의 대상이나 상황에 대해서 충분히 잘 안다는 것이고, '판명하다'는 것은 그 대상이나 상황을 다른 대상이나 상황과 구분해서 잘 이해한다는 의미다. 이 책에서는 명석 판명한 지각이라는 말 대신 '명확하고 분명한 지각'이라는 표현으로 바꾸어서 사용할 것이다. 예를 들어, 내 눈 앞에 친구 재석이가 있는데, 재석이에 대해서 하나도 빠짐없이 잘 알 때 '명확하다'고 말하고, 재석이에 대해서 하나도 빠짐없이 잘 알 뿐더러 다른 친구 동엽이나 호동이와도 잘 구별할 때 '분명하다'고 표현한다.

그런데 이렇게 '내가 명확하고 분명하게 지각하는 것은 모두 참이다.'라는 것을 진리의 일반 규칙으로 설정하려고 할 때 데카르트의 마음에 걸리는 것이 아직 하나 남아 있다. 우리가 지금 어떤 대상이나 상황을 아무리 명확하고 분명하게 생각하고 있다고 하더라도 여전히 나쁜 신이 우리를 속일 가능성이 있다는 점이다. 따라서 '나는 생각한다, 그러므로 존재한다.'라는 하나의 진리에서 출발해 '내가 명확하고 분명하게 지각하는 모든 것은 참이다.'라는 진리의 일반 규칙으로 갈 수 있을지가 아직은 확실하지 않다. 이에 대해서 데카르트는 다음과 같이 이야기한다.

내가 산수나 기하학에서 매우 쉽고 분명한 것, 예를 들어 둘 더하기 셋은 다섯이라는 것을 생각할 때는 어떤가? 나는 적어도 이러한 것이 참이라고 인정할 수 있을 정도로 충분히 분명하게 지각하고 있지 않았는가? 물론 나중에 이런 것들도 의심스러울 수 있다고 판단했던 단 하나의 이유는, 어떤 신이 나에게 매우 확실해 보이는 문제에 관해서조차 잘못을 범하는 본성을 주었을지도 모른다는 생각이 들었기 때문이다. 그래서 신은 전능하다는 선입견에 빠질 때마다, 신이 원하기만 하면 내가 정신의 눈으로 매우 명확하게 직관한다고 생각하는 문제에서조차 오류를 범하도록 하는 것이 신에게는 쉬운 일임을 인정하지 않을 수 없다.

하지만 내가 아주 명확하게 지각한다고 생각하는 것들을 돌아볼 때, 나는 이것들에 의해 완전히 설득되어 저절로 이렇게 외치게 된다. "누구든 나를 속일 수 있으면 속여 보라. 그렇지만 내가 나는 어떤 것이라고 생각하는 동안은 신이 나를 아무것도 아니게 만들지는 않을 것이다. 또는 내가 존재한다는 것이 지금 참이기 때문에, 그는 내가 한번도 존재하지 않았다는 것을 나중에 참이 되게 만들 수는 없을 것이다. 또한 둘 더하기 셋을 다섯보다 크게 혹은 적게 만들지도 않을 것이다. 또 이러한 종류의 명백한 모순이 있는 것들을 만들지 않을 것이다.”

물론 나는 속이는 신이 존재한다고 생각해야 할 이유가 없기 때문에, 심지어 나는 아직 신이 있는지 없는지도 확실히 알지 못하기 때문에, 단지 이런 가정에만 기초한 의심은 그 이유가 아주 빈약하고, 말하자면 형이상학적인 의심이다. 이런 빈약한 의심의 이유를 제거하기 위해 나는 가능한 한 빨리 신이 존재하는지, 그리고 존재한다면 속이는 자일 수 있는지를 검토해야만 한다. 왜냐하면 이것을 알지 못하는 한, 나는 그 밖의 어떤 것에 대해서도 좀처럼 확신할 수 없을 것 같으니 말이다.

데카르트는 신이 존재하고, 그 신이 사기꾼이라면 결코 어떤 것에 대해서도 완전한 확실성을 가질 수 없다고 말한다. 존재하는 신이 우리를 속인다면, ‘내가 명확하고 분명하게 지각하는 모든 것은 참’이라는 진리의 일반 규칙도 폐기처분되어야 한다. 그렇다면 데카르트가 먼저 해야 할 일은 신이 있는지, 그리고 신이 있다면 그가 사기꾼인지 살펴보아야 한다는 점이다. 〈세 번째 성찰〉에서 데카르트는 신이 존재한다는 두 가지 증명을 하는데, 그 증명을 하기 위해서는 우선 ‘관념’에 대해서 이해를 해야만 한다. 데카르트가 말하는 관념이란 무엇일까?

2. 관념이란 무엇일까?

관념을 설명하는 이 대목에서 데카르트는 우리가 이해하기 힘든 많은 용어를 사용하고 있다. 우선 '관념'이라는 말부터가 어렵다. 철학자들은 관념이란 말을 많이 쓰는데, 그 의미가 뭘까? 우선 우리가 일상 속에서 '그 말은 좀 관념적이야.'라고 말할 때 관념이라는 단어는 어딘가 모르게 지적인 느낌을 주는 용어처럼 보인다. 동시에 이러한 표현 속의 관념은 '현실적이지 않고 뭔가 뜬구름 잡는 허황된 말'이라는 뜻을 내포하기도 한다. 하지만 데카르트가 여기에서 사용하는 관념은 그와 같은 일상적인 의미를 뜻하지 않는다.

관념을 영어로 하면 '아이디어(idea)'다. 우리가 평상시에 '나한테 좋은 아이디어가 있어.'라고 할 때 그 아이디어다. 그럼 '나한테 좋은 아이디어가 있다.'라는 말은 무슨 의미일까? '나한테 좋은 생각이 있어.' 정도의 말일 것이다. 그러니까 관념은 '내 머릿속에 들어 있는 생각'이라는 말과 비슷한 의미라 하겠다.

우선 살펴볼 순서에 따라, 나는 이제 내 생각들을 몇 가지 종류로 분류하고 이 가운데 어떤 것이 고유하게 참 또는 거짓을 포함하는지 검토해 보아야 할 듯하다. 내 생각들 중 몇몇은 말하자면 사물들의 이미지다. '관념'이라는 말이 엄격하게는 이런 경우에 해당된다. 예를 들어 내가 사람이나 키메라(그리스 신화에 등장하는 머리는 사자, 몸은 양, 꼬리는 뱀을 닮은 전설의 괴수), 또는 하늘이나 천사나 신을 생각할 때가 그렇다.

데카르트는 관념을 이미지라고 말한다. 예를 하나 들어 보자. 우리는 '자동차'라는 말을 들으면 우리가 지금 자동차를 보고 있지 않아도 머릿속에 자동차를 떠올린다. 머릿속에 있는 자동차의 이미지, 그것이 바로 데카르트가 생각하는 '관념'이다. '낙타'나 '사과'라는 말을 들어도 마찬가지로 머릿속에 뭔가가 떠오른다.

그런데 꼭 이미지가 아니더라도 머릿속에 떠오르는 것들도 있다. 예를 들어 '아프다'나 '슬프다' 같은 경우, 아주 정확한 이미지는 떠오르지 않지만 우리는 그 말이 무슨 말인지 이해한다. 각자 떠오르는 생각들은 다르겠지만 머릿속에 아프다의 관념이나 슬프다의 관념이 있는 것이다. 그렇다면 '해왕성'이나 '처녀 귀신'처럼 우리가 한 번도 경험한 적이 없는 것에 대해서도 우리는 관념을 가지고 있을까? 물론이다. 우리가 해왕성이나 처녀 귀신이라는 말을 들을 때 우리 머릿속에서 무엇인가 떠오르는 것, 그것이 바로 관념이다. '천사'도 마찬가지다.

그럼 '신'은 어떤가? 신을 눈으로 본 사람은 아무도 없지만 우리는 신이라는 단어를 이해한다. 비록 제각기 다른 관념을 가지고 있을지는 모르지만, 신이라는 말을 들을 때 우리 머릿속에 떠오르는 것, 그것이 바로 '신의 관념'이다.

이제 관념과 관련해서 말하자면, 만약 관념이 오직 그 자체로만 고려되고 다른 것을 지칭하지 않는다면, 관념은 절대 거짓일 수 없다. 왜냐하면 내가 상상하는 것이 산양이든 키메라든 간에, 하나를 상상하는 것은 다른 하나를 상상하는 것 못지않게 참이기 때문이다.

그런데 자동차는 실제로 존재하니까 '자동차'의 관념은 참이고, 처녀 귀신은 존재하지 않으니까 '처녀 귀신'의 관념은 거짓일까? 데카르트는 그렇지 않다고 말한다. 이미 이야기한 것처럼 관념은 내 머릿속에만 있기 때문에 내가 무엇을 생각하든 그 관념이 내 머릿속에 존재한다는 것은 분명한 사실이다. 하지만 내 머릿속에 있는 처녀 귀신의 관념이 실제 현실에서도 존재한다고 '믿는다면' 이것은 물론 틀린 것이다. 따라서 내 머릿속에 있는 처녀 귀신의 관념 자체는 참이지만, 그것이 현실에도 존재한다는 판단은 틀린 것이다.

관념이 생각의 양태로 고려되는 한에서는 관념들 사이에는 중요한 차이가 없다. 그것들은 모두 똑같은 방식으로 내 안에 있는 것처럼 보인다. 그러나 이 관념은 이런 것을, 저 관념은 저런 것을 재현한다는 면에서 관념들이 아주 다르다는 것은 분명하다. 확실히 나에게 실체를 보여 주는 관념은 단지 양태나 우연적 성질을 보여 주는 관념보다 더 큰 것, 말하자면 더 많은 표상적 실재성을 포함한다. 또 최고신의 관념, 즉 영원하고, 무한하며, 모든 것을 다 알고 있고, 모든 것을 다 할 수 있으며, 자기 이외의 모든 것을 만든 창조자에 대해 알게 해 주는 관념은 유한한 실체를 나타내는 관념보다 확실히 더 많은 표상적 실재성을 포함한다.

여기서 데카르트는 관념이 '양태'로 고려되는 한에서는 관념들 사이에는 차이가 없다고 말한다. 무슨 말일까? 다음의 예를 생각해 보자. '아메바', '돼지', '사람', '천사', '신'과 같은 관념들은 모두 우리 머릿속에 있는 관념들이다. 따라서 그 관념이 '아메바'이든 '신'이든 상관없이 우리가 가진 관념, 즉 생각이라는 측면에서는 똑같다. 관념이 양태로 고려된다는 말은 그 관념이 표현하는 내용이 무엇이든 형식적으로 모두 똑같이 관념이기 때문에 차이가 없다는 말이다. 이렇게 그 내용에 관계없이 관념이라는 형식(양태) 때문에 가지게 되는 성격을 데카르트는 '형상적 실재성'이라고 부른다. 실재성이라는 말은 보통 '존재'라고 이해하면 될 것이다. 즉 형상적 실재성이라는 말은 관념이 형상적으로, 즉 '생각이라는 형식으로 존재한다.'라는 말이다.
그런데 데카르트는 관념이 형상적 실재성뿐만 아니라 '표상적 실재성'도 가지고 있다고 말한다. 이게 무슨 말일까? 다시 '아메바', '돼지', '사람', '천사', '신'의 관념을 떠올려 보자. 방금 본 것처럼 이 관념들은 다 관념, 우리가 가진 생각이라는 형식에서는 똑같지만 각 관념이 표현(표상)하는 내용은 모두 다르다. 물론 '아메바'의 관념이 표현하는 내용은 아메바이고, '사람'의 관념이 표현하는 내용은 사람일 것이다. 현실에서 아메바보다는 돼지, 돼지보다는 사람, 사람보다는 천사, 천사보다는 신이 더 나은 존재인 것처럼, 관념이 표현하는 내용도 아메바보다는 돼지, 돼지보다는 사람, 사람보다는 천사, 천사보다는 신이 더 나은 것이라고 생각되지 않는가? 이와 같이 데카르트가 말하는 표상적 실재성은 바로 관념의 내용이 갖는 성격을 말한다.

3. 첫 번째 신 존재 증명 – '트레이드마크 논증'

데카르트의 첫 번째 신 존재 증명은 이른바 '트레이드마크 논증'이라는 별명이 붙어 있다. 왜 트레이드마크라고 불릴까? 데카르트가 우리 정신 속에는 '신의 관념'이 마치 트레이드마크처럼 들어 있다고 설명하기 때문이다. 화가가 자기가 그린 그림에 서명을 하듯이 신이 자신이 만든 인간의 정신 속에 신에 대한 관념으로 서명을 해 놓았다는 뜻이다.

이 논증이 어떻게 진행되는지 이해하기 위해서는 데카르트가 제시하는 원칙을 먼저 이해해야만 한다. 데카르트가 제시하는 원칙은 다음과 같다. 원인과 결과 사이에는 어떤 관계가 있는데, 원인의 실재성은 항상 결과의 실재성보다 크거나 적어도 같은 정도여야 한다는 것이다. 즉 결과가 100이라면 원인은 적어도 100 이상은 되어야 한다는 것이다. 엄마가 나에게 용돈 만 원을 주기 위해서 엄마는 적어도 만 원 이상의 돈이 있어야 한다고 생각하면 간단하게 이해될 것이다.

부모가 아기를 낳는 경우를 생각해 보자. 아기를 결과라고 한다면, 그 원인은 아기의 아빠와 엄마일 것이다. 데카르트는 이 경우 아빠, 엄마는 아기보다 훨씬 큰 실재성을 가지고 있다고 말할 것이다. 아빠, 엄마는 아기를 낳을 수 있지만, 아기는 아빠, 엄마를 낳을 수 없다. 즉 아빠, 엄마는 아기의 원인일 수 있지만, 아기는 아빠, 엄마의 원인이 될 수 없는 일이다. 마찬가지로 아메바보다 더 큰 실재성을 가진 신은 아메바를 만들 수 있지만, 반대로 아메바가 신을 만들 수는 없다. 이 원칙을 염두에 두고 다음의 대목을 어렵더라도 천천히 따라가 보자.

자연의 빛(우리가 눈으로 보는 감각적인 앎이 아니라 정신의 눈으로 알게 되는 것을 말한다. '자연의 빛에 의해 분명하다'는 것은 정신의 눈으로 볼 때, '직관적으로' 확실하다는 의미다)에 의해 다음의 사실은 분명하다. 작용 원인(흔히 작용인이라고 한다. 결과를 일으키는 직접적인 원인) 그리고 총체적 원인(결과가 일어나기 위해 필요한 모든 원인) 속에는 적어도 그 원인의 결과 속에 있는 정도의 실재성이 있어야 한다. 왜냐하면, 결과가 원인으로부터가 아니라면 어디에서 자신의 실재성을 얻을 수 있겠는가? 그리고 원인이 실재성을 가지고 있지 않다면, 어떻게 그것을 결과에게 줄 수 있는가? 이 사실로부터 무에서는 아무것도 생길 수 없다는 것과 더 완전한 것, 즉 더 많은 실재성을 포함하는 것은 덜 완전한 것에서 생길 수 없다는 결론이 나온다. 그리고 이는 현실적 혹은 형상적 실재성을 가지고 있는 결과의 경우뿐만 아니라, 표상적 실재성만이 고려되는 관념의 경우에도 분명히 참이다.

예를 들어, 전에는 없었던 돌이 새로 존재하려면 돌이 가진 모든 것을 형상적으로(형상적으로 실재성을 가진다는 것은 관념의 내용 속에 있는 실재성을 실제로 가지고 있다는 의미) 혹은 우월적으로(돌은 공간을 차지하는 성질을 가지지만 신 자신은 공간을 차지하지 않는다. 하지만 돌에게 그러한 성질을 줄 수 있다. 따라서 우월적으로 실재성을 가진다는 말은 자기가 가지지 않은 성질을 다른 것에 줄 수 있다는 의미) 갖고 있는 어떤 대상에 의해 산출되어야 한다. 마찬가지로 전에 뜨겁지 않았던 물체가 뜨거워지기 위해서는 적어도 그 열기와 동등한 정도의 완전성을 갖고 있는 어떤 대상에 의해 산출되어야 한다. 다른 경우 역시 마찬가지다. 그러므로 내 안에 있는 뜨거움이나 돌의 관념 역시, 적어도 내가 뜨거움 혹은 돌 속에 있다고 생각하는 만큼의 실재성을 가지고 있는 어떤 원인에 의해 내 안에 넣어져야만 한다. 어떤 관념이 이러저러한 표상적 실재성을 가지기 위해서는 적어도 그 관념 안에 있는 표상적 실재성 정도의 형상적 실재성을 가지고 있는 원인에게서 그 표상적 실재성을 이끌어 내야만 한다. 만약 어떤 관념이 그 원인 속에 없었던 무엇인가를 포함한다면, 그 관념은 아무데서도 받지 않은 것을 가지고 있는 것이다. 하지만 어떤 관념이 지성 안에 표상적으로 존재하는 방식이 비록 불완전하기는 하지만, 이것이 결코 아무것도 아닌 것은 아니다. 그러므로 아무것도 아닌 것으로부터 나올 수는 없다.

이러한 점을 오랫동안 주의 깊게 검토할수록 나는 이것이 옳음을 더욱 명확하고 분명하게 알게 된다. 그렇다면 나의 결론은 무엇인가? 내가 만약 나의 관념 중 어떤 것의 표상적 실재성이 형상적으로나 우월적으로나 너무 커서 똑같은 실재성이 내 안에 있을 수 없고, 그러므로 나 자신이 그것의 원인이 될 수 없음을 확신한다면, 이 세상에는 나 홀로 있는 것이 아니라 이 관념의 원인이 되는 다른 어떤 것이 존재한다는 사실이 필연적으로 따라 나온다.

원문이 많이 어렵지만, 앞에서 데카르트가 제시한 원인과 결과의 관계를 기억하면서 우리 정신 속에 신이라는 관념이 존재한다는 사실에 대해 검토해 보자. 여기에서 '신'이라는 관념이 표현하는 것은 '무엇이든 다 알고 있고, 무엇이든 다 할 수 있으며, 무한하고, 완전한 존재'다. 그런데 우리 인간은 유한하고 지식은 한계가 있으며 항상 무엇인가 부족해서 다른 것을 필요로 하는 존재가 아닌가? 그렇다면 이렇게 유한한 존재가 무한한 존재인 신과 같은 관념의 원인이 될 수는 없다. 즉 신의 관념이 결과라면 이 관념이 표현하는 것은 '완전한 존재'인데, 인간은 '불완전한 존재'이기 때문에 완전한 존재라는 결과의 원인일 수는 없다. 비유하자면, 신의 관념은 100만큼의 실재성을 가지고 있는데, 인간은 100만큼의 실재성이 있는 존재가 아니다. 따라서 100만큼의 실재성을 가진 존재가 그 관념의 원인이어야만 한다. 다시 말해서 신이라는 관념만큼 크고 완전한 어떤 존재가 우리에게 신의 관념을 넣어 주었어야 한다. 그러므로 우리가 '신의 관념'을 갖고 있는 것이 명확하고 분명한 사실이라면, 이 관념이 표현하는 만큼의 실재성을 가진 존재, 즉 신이 실재해야 한다는 결론을 내릴 수밖에 없다. 이것이 바로 데카르트의 첫 번째 신 존재 증명인 '트레이드마크 증명'의 내용이다.

트레이드마크 논증을 정리하면 다음과 같다.

1. 내 정신 속에는 신의 관념이 존재한다.
2. 존재하는 것은 항상 원인이 있다.
3. 그러므로 내 정신 속에 있는 신의 관념도 원인이 있다.

3. 내 정신 속에 있는 신의 관념은 원인이 있다.
4. 원인은 결과보다 더 크거나 아니면 적어도 같은 정도의 실재성을 가져야 한다.
5. 그러므로 내 정신 속에 있는 신의 관념의 원인은 결과인 신의 관념보다 더 크거나 적어도 같은 정도의 실재성을 가져야 한다.

5. 내 정신 속에 있는 신의 관념의 원인은 결과인 신의 관념보다 더 크거나 적어도 같은 정도의 실재성을 가져야 한다.
6. 신의 관념은 완전성을 포함한다.
7. 그러므로 신의 관념의 원인은 완전성을 포함해야만 한다.

7. 신의 관념의 원인은 완전성을 포함해야만 한다.

8. 완전성을 포함하는 것은 신밖에 없다.

9. 그러므로 신이 내 정신 속에 있는 신의 관념의 원인이다.

그런데 트레이드마크 논증에 대해서 다음과 같은 의문을 가질 수 있다. 내 정신 속에는 신뿐만 아니라 천사의 관념도 있는데, 그럼 신과 마찬가지로 천사 역시 우리보다 우월하니까 천사의 관념은 실제로 존재하는 천사가 우리에게 심어 준 트레이드마크가 아닐까? 그러므로 천사도 실제로 존재하지 않을까? 이에 대해 데카르트는 천사의 관념은 우리가 경험한 것들을 조합해서 충분히 만들어 낼 수 있는 관념이라고 말한다. 하지만 신의 관념은 우리의 경험에서 만들어 낼 수 없는 그 이상이라는 것이 데카르트의 설명이다.

4. 두 번째 신 존재 증명 – '보존은 창조다'

앞에서 신이 존재한다는 첫 번째 증명을 한 데카르트는 이번에는 나의 존재를 통해 신의 존재를 한 번 더 증명한다. 이미 앞의 〈두 번째 성찰〉에서 나는 생각하는 것으로 존재한다는 사실이 확실하게 발견되었다. 데카르트는 이제 여기 〈세 번째 성찰〉에서는 그럼 그 '생각하는 나'가 어디서 생겼는가를 한번 생각해 보자고 한다.

우리가 주의 깊게 집중하면, 모든 것은 자연의 빛에 의해 상당히 분명하다. 그러나 내가 덜 집중하거나 내 정신의 눈이 감각적인 이미지에 흐려질 때, 나는 나 자신보다 더 완전한 존재자의 관념이 왜 반드시 실제로 더 완전한 존재자로부터 나와야 하는지를 쉽게 기억하지 못한다. 그러므로 나는 이 관념을 갖고 있는 나 자신이 이런 존재자가 없다고 하더라도 존재할 수 있는지를 좀 더 탐구해 보려고 한다.

이 경우에 내 존재는 누구로부터 왔는가? 아마도 나 자신으로부터, 아니면 부모로부터, 아니면 신보다 덜 완전한 어떤 다른 존재자에서 왔을 것이다. 왜냐하면 신보다 더 완전한 존재, 혹은 동등하게 완전한 존재는 생각할 수도 상상할 수도 없기 때문이다.

데카르트는 여기에서 존재가 확실하게 인정된 '나'는 어디에서 나왔는지 한번 살펴보자고 한다. 데카르트는 네 가지 가능한 후보를 제시하는데, 그것은 다음과 같다. 1. 나는 나 자신에게서 나왔다. 2. 나는 부모에게서 나왔다. 3. 나는 천사와 같은, 신보다는 덜 완전한 것에서 나왔다. 4. 나는 신에게서 나왔다. 여기서도 데카르트는 이 후보자들 각각의 경우를 의심해 보고, 아닌 것은 탈락시키는 전략을 취한다.

그러나 만약 나의 존재가 나 자신에게서 나왔다면, 나는 어떤 것도 의심하거나 원하거나 부족해하지도 않았을 것이다. 왜냐하면 나는 모든 완전성을 나에게 주었을 것이고, 따라서 스스로가 신이어야 하기 때문이다.

우선 첫 번째 후보, '생각하는 나'가 나 자신에게서 온 경우를 살펴보자. 데카르트는 나의 존재가 나 자신에게서 나왔으면 나에게 부족함이 없을 것이라고 말한다. 만일 내가 나를 창조했다면 어떤 것도 의심하지 않고 바라지 않도록 완벽하게 창조했을 것이 아닌가. 그런데도 내가 여전히 무엇인가를 의심하고 바라는 것으로 보아 나는 부족한 것투성이다. 따라서 첫 번째 후보는 탈락이다.

또한 내가 지금 있는 것처럼 항상 있었으며, 그래서 나를 있게 만든

자를 찾을 필요가 없다고 가정하더라도, 이러한 논증이 가진 힘에서 벗어날 수가 없다. 나의 인생은 무수히 많은 부분으로 나누어질 수 있고, 이 각각의 부분은 서로 독립적이기 때문에 어떤 원인이 지금 이 순간 나를 새롭게 창조하지 않는 이상, 즉 나를 보존하지 않는 이상 내가 방금 전에 존재했다고 해서 현재 내가 존재해야 한다는 사실이 도출되지 않는다. 시간의 본성을 주의 깊게 생각해 보는 사람에게는 다음의 사실이 분명하다. 어떤 것이 존재하는 매 순간 그것을 보존하기 위해 필요한 힘과 작용은 아직 존재하지 않는 사물을 새롭게 창조하는 데 요구되는 것과 똑같다. 따라서 보존과 창조는 개념적으로만 구분될 뿐이고, 이 사실은 자연의 빛에 의해 명백하게 알려지는 것들 가운데 하나다.

그러므로 이제 나는 지금 존재하는 나를 조금 뒤에도 존재하게 할 수 있는 힘이 있는지 자문해 보아야 한다. 나는 단지 생각하는 것이기 때문에, 혹은 적어도 지금은 나의 일부인 생각하는 것에 대해서만 다루고 있기 때문에, 그런 힘이 내 안에 있다면 나는 확실히 그것을 알았을 것이다. 그러나 그런 힘이 없다는 것을 경험하고 있으며, 바로 이로부터 내가 나와 다른 어떤 존재자에 의존한다는 사실을 아주 분명하게 깨닫게 된다.

그런데 데카르트는 여기서 흥미로운 논증을 하나 제시한다. 나를

존재하게 만든 자가 따로 있는 것이 아니라 나는 항상 존재해 왔다고 생각해 보자는 것이다. 그러면 굳이 나를 만든 자를 찾을 필요가 없지 않을까? 이 질문에 대해 데카르트는 자신의 두 번째 '신 존재 증명'을 제시하면서 그 질문에 답을 한다. 바로 '보존은 창조와 같은 힘과 작용을 필요로 한다.'라는 주장이 그것이다.

데카르트는 시간이 연속적인 것이 아니라 순간으로 무한히 나누어진다고 생각한다. 시간이 연속적이지 않으면 세상에 존재하는 것도 연속적일 수가 없다. 따라서 이 세상은 계속해서 존재하는 것이 아니라 우리도 모르는 사이 매 순간 세상은 없어졌다가 다시 창조되기를 반복한다는 것이다. 예를 들어, 이 문장을 읽고 있는 지금의 '나'와 그다음 문장을 읽고 있을 '나'는 계속해서 존재하는 것이 아니라 순간적으로 없어졌다가 다시 창조되는 과정을 겪는다. 따라서 어떤 사물을 계속해서 '보존'하는 것은 매 순간 그것을 새롭게 '창조'하는 것과 다를 바가 없다. 이것을 철학자들은 '계속적 창조'라고 부른다.

만약 계속적 창조가 사실이고, 나를 창조한 자가 나라고 생각한다면, 내가 연속적으로 존재하기 위해서 나는 나 자신을 계속 창조해야만 한다. 하지만 데카르트는 무에서 무언가를 창조하는 힘을 나에게서 발견할 수 없다고 말한다. 그것은, 이어서 말하지만, 부모에게서도 마찬가지고 천사와 같은, 인간보다는 완전하지만 신보다는 덜 완전한 존재에게서도 마찬가지다. 무에서 어떤 것을 창조하는 힘을 가진 존재는 신밖에 없다. 따라서 내가 존재하기 위해서는 내 존재를 보존하는 신이 있어야만 한다. 이것이 바로 데카르트의 두 번째 신 존재 증명이다.

그리고 나는 아마도 부모 혹은 신보다 덜 완전한 다른 원인에 의해 만들어졌을 수도 있다. 그렇지 않다. 왜냐하면, 내가 말한 것처럼, 원인 속에는 적어도 결과 속에 있는 정도가 있어야 한다는 것이 아주 분명하기 때문이다. 그러므로 결국에는 어떤 종류의 원인이 제안되더라도, 나는 생각하는 것이고 내 안에 신의 관념을 갖고 있기 때문에, 나의 원인 그 자체는 생각하는 것이어야 하고 내가 신에게 귀속시키는 모든 완전성의 관념을 가지고 있어야 한다는 것이 인정되어야만 한다.

또한 몇 개의 부분적 원인들이 협력해서 나를 만들어 냈다거나, 신에게 귀속되는 완전성들 가운데 어떤 관념은 이 원인으로부터, 또 다른 관념은 다른 원인에게서 받았다고 가정해서도 안 된다. 즉 모든 완전성은 우주 어디에서든지 발견될 수 있지만 신이라고 하는 한 존재자 속에 결합되어 있지는 않다는 가정 말이다. 오히려 이와 반대로 신의 속성 가운데 통일성, 단순성, 혹은 불가분리성이야말로 내가 신에게 있다고 이해하는 가장 중요한 완전성들 가운데 하나다.

마지막으로 부모에 관해 말하자면, 내가 지금까지 부모에 대해 믿었던 모든 것이 참이라고 하더라도, 나를 보존하는 것은 부모가 아니다.

그리고 내가 생각하는 것인 한, 부모는 결코 나를 만들지 않았다. 부모는 항상 나의 정신이 깃들어 있는 물질 속에 어떤 성향만을 넣어 주었을 뿐이다. 왜냐하면 지금 나는 정신만을 나라고 간주하고 있기 때문이다. 그러므로 나의 부모와 관련해서는 여기에 아무런 어려움도 있을 수 없다. 오히려 내가 존재한다는 것, 그리고 내 안에 가장 완전한 존재자, 즉 신의 관념이 있다는 사실만으로 신이 존재하는 것이 아주 분명히 증명된다.

이제 데카르트는 앞에서 언급한 네 후보 중에서 두 번째 후보, '생각하는 나'는 부모에게서 나왔다는 가능성을 검토한다. 상식적으로 우리는 부모님에 의해서 창조되었다고 생각할 수 있다. 왜냐하면 부모님이 우리를 낳았기 때문이다. 하지만 〈두 번째 성찰〉에서 데카르트가 확실한 것으로 받아들인 것은 '나는 생각하는 것으로 존재한다.'라는 사실이다. 그런데 부모님은 나에게 물질로서의 육체만 줄 수 있지 생각을 줄 수는 없다. 그러므로 아직 〈세 번째 성찰〉의 단계에서는 나 자신이 육체를 가진 것이 아니기 때문에 이번 후보도 탈락이다.

이제 세 번째 후보, '생각하는 나'는 천사와 같은, 인간보다는 완전하지만 신보다 덜 완전한 존재에서 나온 경우를 살펴볼 차례다. 하지만 내 안에는 신이라는 완전한 관념을 가지고 있는데 천사와 같은 존재는 아무리 인간보다 우월해도 신만큼 우월하지는 않다. 또한 '보존은 창조'라고 생각하는 데카르트에게 무에서 유를 창조하는 것은 신만이 할 수 있기 때문에, 이 후보 역시 쉽게 탈락된다. 그 결과 남아 있는 마지막 후보인 신이 나를 창조해야만 하는 것이 논리적 필연이고, 그러기 위해서는 신이 존재해야만 한다는 결론에 이른다.

5. 신은 사기꾼이 아니다!

데카르트는 앞에서 신이 존재한다는 사실을 증명했으니, 이제 내 안에 있는 신의 관념은 신이 주었다는 결론에 이르게 된다. 그럼 신은 어떻게 우리에게 신의 관념을 주었는가? 데카르트에 따르면, 우리가 태어날 때 신이 도장을 찍듯이 우리 정신 속에 신에 대한 생각을 넣어 준다는 것이다. 즉, 예술가가 자신이 만든 예술 작품에 서명을 하듯이, 아니면 어떤 물건에 '메이드 인 코리아'라는 마크를 찍어 넣듯이, 신은 우리 정신 속에 자신에 대한 관념을 그런 사인으로 넣어 주었다는 것이다. 따라서 이러한 신의 관념은 우리가 태어날 때부터 가지고 태어나는 것이다. 이런 관념을 철학자들은 어려운 말로 '본유 관념'이라고 부른다. 본래부터, 즉 태어날 때부터 가지고 있었던 관념이라는 뜻이다.

이제 남은 것은 내가 신의 관념을 신으로부터 받았는가를 검토하는 것이다. 나는 이 관념을 감각을 통해 얻은 것이 아니다. 신의 관념은, 감각으로 지각할 수 있는 사물이 외부 감각 기관에 나타날 때, 혹은 나타나는 것처럼 보일 때 보통 그런 것처럼, 예상치 못하게 나에게 온 것이 아니다. 그리고 이 관념은 내가 만들어 내지도 않았다. 왜냐하면 나는 확실히 이 관념에서 어떤 것도 빼거나 더할 수 없기 때문이다. 이제 남아 있는 선택지는 내가 나 자신의 관념을 타고난 것처럼 신의 관념도 타고났다는 사실이다.

그리고 장인이 자신의 작품에 도장으로 표시하는 것처럼, 신이 나를 창조할 때 내 안에 이 신의 관념을 넣어 주었다는 것은 전혀 놀라운 일이 아니다. 또한 이 표시가 작품 자체와 다른 것일 필요도 없다.

그러므로 이 전체 논증의 힘은 다음과 같은 점에 있다. 신이 실제로 존재하지 않는다면, 지금과 같은 본성, 즉 신의 관념을 가진 본성을 지닌 내가 존재하기란 불가능했을 것이다. '신'이라는 말로 내가 의미하는 바는, 그 관념이 내 안에 있는 존재, 즉 내가 파악할 수는 없지만 어느 정도는 생각할 수 있는 모든 완전성을 지닌 존재, 어떠한 결함도 가지고 있지 않은 존재다. 여기서 신은 사기꾼일 수 없다는 사실이 충분히 분명해진다. 모든 사기와 속임은 어떤 결함에 의존한다는 것은 자연의 빛에 의해 명확하기 때문이다.

데카르트는 신이 존재함을 증명했고, 신이 우리 속에 신의 관념을 넣어 주었음을 확신하기에 이른다. 하지만 여전히 문제가 있다. 이렇게 어렵게 존재한다고 증명한 신이 사기꾼이면 어떻게 하는가? 앞의 〈첫 번째 성찰〉에서 검토했던 속이는 신이라는 가정이 현실로 되는 것이 아니겠는가? 그래서 데카르트는 이제 신이 존재하며, 그 신이 사기꾼이 아니라는 사실을 증명하고자 한다.

우리가 가진 신의 관념은, 신은 완전한 존재라는 것이다. 그런데 사기꾼, 즉 누군가를 속이는 존재를 완전하다고 말할 수는 없을 것이다. 아무리 능력이 뛰어난 사람이라도 그 사람이 나쁜 사람이면 우리는 훌륭하다고 말하지 않는 것과 마찬가지다. 따라서 신이 완전한 존재라면 신은 사기꾼일 수 없으며, 신은 우리를 속이는 나쁜 신일 가능성이 절대 없다. 이것이 바로 데카르트가 말하고자 하는 결론이다.

네 번째
성찰

네 번째 성찰

앞서 〈세 번째 성찰〉에서 데카르트는 신이 존재함을 증명했고, 완벽한 신은 우리를 속이지 않을 것임도 증명했다. 그런데 신이 정말 완벽하고 선하다면 그러한 신이 창조한 우리 인간은 도대체 왜 잘못을 저지르는 것일까? 우리는 잘못된 판단을 하기도 하고 원하지 말아야 할 것을 원하기도 한다. 만약 완벽하고 선한 신이 인간을 창조할 때, 우리가 항상 선한 것만 행하고, 어느 순간에도 잘못된 판단을 하지 않고, 늘 바른 길을 가게 만들었다면 우리는 잘못을 저지르지 않을 수도 있지 않았을까? 완벽하고 선한 신이 인간을 그렇게 창조했다면 이 세상은 좀 더 완벽한 세상이 되지 않았을까? 만약 신이 인간을 더 완벽하게 창조할 수 있었음에도 불구하고 그렇게 하지 않았다면, 이 세상에 존재하는 악에 대한 책임을 인간이 아니라 신에게 물어야 하지 않을까?

이제 〈네 번째 성찰〉에서 데카르트는 이러한 질문들에 대한 자신의 해답을 제시한다. 데카르트는 세상에 존재하는 악에 대한 책임은 신에게 있지 않

고 우리 인간에게 있다는 것을 증명하려고 한다. 한마디로, 신은 인간에게
자유 의지를 주었는데 인간들이 그 자유 의지를 지나치게 사용해서 잘못을
저지른다는 것이다.

1. 〈세 번째 성찰〉 정리 – 선한 신이 존재한다

먼저 데카르트는 앞의 〈세 번째 성찰〉에서 증명했던 내용을 다시 한 번 정리하고 있다.

지난 며칠 동안 나는 나의 정신을 감각으로부터 분리해 내는 일에 아주 익숙해졌다. 그리고 나는 물질적인 것에 대해서는 참되게 지각되는 것이 매우 적지만, 인간 정신에 대해서는 더 많이 알게 되고, 신에 대해서는 훨씬 더 많이 알게 된다는 사실을 신중하게 주목해 보았다. 이제 나는 아무런 어려움 없이 상상적인 것에서 돌아서서 모든 물질로부터 완전히 분리된 지성적인 대상에 관심을 기울일 수 있다.

내가 가진 인간 정신에 대한 관념은, 정신이란 생각하는 것이므로 길이, 넓이, 깊이를 가진 공간을 차지하지 않고, 어떤 다른 물체적 특성을 가지지 않는다는 것이다. 그리고 그 어떤 물질적 사물에 대한 관념보다 훨씬 더 분명한 관념이다. 내가 의심한다는 사실, 또는 내가 불완전하고 의존적인 존재라는 사실을 생각할 때, 독립적이고 완전한 존재자의 관념, 즉 신의 관념이 명확하고 분명하게 나에게 나타난다. 그러므로 그런 신의 관념이 내 안에 있다는 사실, 혹은 신의 관념을 갖고 있는 내가 존재한다는 이 단순한 사실로부터 신이 존재한다는 것, 나의 존재는 매 순간 신에 의존한다는 사실을 분명하게 이끌어 낸다. 이 결론이 너무 분명해서 나는 인간 지성이 이보다 더 분명하고 확실한 어떤 것도 알 수 없다고 확신한다. 그리고 이제 지혜와 지식의 모든 보물이 숨겨져 있는 참된 신에 대한 고찰로부터, 나는 다른 것들에 대한 지식에 이르게 되는 길을 볼 수 있다고 생각한다.

우선 나는 신이 한 번이라도 나를 속이는 것이 불가능함을 안다. 왜냐하면 속임수나 사기에는 어떤 불완전성이 발견되기 때문이다. 그리고 비록 속일 수 있는 능력은 똑똑하거나 능력 있음을 보여 주는 표시 같지만, 속이려는 의지는 확실히 악의나 약함을 보여 주는 증거이고, 그러므로 신에게는 적용될 수 없다.

우선 내가 의심한다는 사실로부터 나는 완전하지 않은 존재임을 알게 된다. 왜냐하면 완전한 존재는 어떤 것에 대해서 의심할 이유가 없기 때문이다. 그런데 내가 '완전하지 않은' 존재임을 알기 위해서는 '완전한' 존재에 대한 개념이 있어야 한다. 완전함이 무엇인지 모르면 '불완전함'에 대해서도 알 수 없기 때문이다. 따라서 내가 '불완전한 존재'임을 안다는 것은 나에게 '완전한 존재'에 대한 개념이 있다는 걸 뜻한다.

한편 나는 불완전한 존재이기 때문에 나 스스로 그런 완전한 존재에 대한 개념을 만들 수 없다. 따라서 나에게 완전한 존재에 대한 개념을 넣어 준 완전한 존재가 있어야만 하는데, 데카르트에 따르면, 그 완전한 존재가 바로 신이다. 따라서 신은 존재한다.

더 나아가, 신은 존재할 뿐만 아니라 누군가를 속이지 않는다. 왜냐하면 누구를 속일 수 있다는 것은 한편으로는 똑똑하거나 재능이 있다는 의미일 수도 있지만 나쁜 마음을 품고 있다는 사실을 드러내는 증거이기도 하기 때문이다. 신은 완전하고 선하기 때문에 그런 나쁜 마음을 품을 리가 없다는 것이 데카르트의 생각이다.

2. 오류의 원인 – 오류는 완전함이 없는 상태일 뿐이다

앞에서 데카르트는 신이 완전한 존재이고 선한 존재임을 증명했다. 하지만 그러한 신이 나를 만들었다면 나도 완전하고 선해야 하는데, 우리 인간은 살면서 많은 오류와 실수를 범한다. 그렇다면 이 오류의 원인은 어디에 있는가? 신이라는 완전한 존재가 만든 작품인 인간이 완전하지 않다면 그건 무언가 잘못된 것이 아닌가 하는 의문이 생긴다.

다음으로 나는 내 안에 판단 능력이 있음을 경험하는데, 이 능력은 내 안에 있는 다른 모든 것들과 마찬가지로 분명히 신으로부터 받은 것이다. 그리고 신은 나를 속이기를 원하지 않기 때문에, 내가 이 능력을 올바르게 사용하는 동안에도 잘못을 저지르는 그러한 능력을 나에게 주지 않았다는 것이 확실하다.

만약 방금 말한 내용이 '내가 결코 잘못을 저지를 수 없다.'는 것을 의미하는지 몰랐다면, 이 문제에 대해서는 어떤 의심도 하지 못했을 것이다. 왜냐하면 만약 내 안에 있는 모든 것이 신으로부터 받은 것이고 신이 내게 실수를 저지르는 능력을 부여하지 않았다면, 나는 결코 잘못을 저지를 수 없을 것이기 때문이다. 그리고 확실히 내가 오직 신만을 생각하고, 신에게 집중하는 동안은 오류나 거짓의 원인을 발견할 수 없다. 그러나 다시 나 자신에게로 돌아오면, 내가 무수히 많은 오류를 범한다는 사실을 경험적으로 알고 있다.

그래서 이런 오류의 원인을 생각해 보면, 내 안에는 신, 즉 최고로 완전한 존재자의 실재적이고 긍정적인 관념도 있지만, 또한 무, 즉 모든 완전성에서 가장 멀리 떨어져 있는 부정적인 관념도 있음을 알게 된다. 말하자면 나는 신과 무, 즉 최고의 존재자와 존재하지 않는 것의 중간자임을 깨닫게 된다. 내가 최고 존재자에 의해 창조된 것인 한, 내 안에는 잘못을 저지르게 하거나 잘못된 길로 인도하는 것이 없는 것이 내 본성이다. 하지만 내가 무 혹은 존재하지 않는 것을 가지고 있는 한, 다시 말해 내 자신이 최고 존재자가 아니라 부족한 것이 무수히 많은 한, 내가 잘못을 저지르는 것이 놀랍지는 않다.

그렇다면 나는 오류 그 자체는 신에게 의존하는 실재적인 것이 아니라 단지 결여일 뿐이라고 이해한다. 그러므로 내가 잘못을 저지르는 것은 신이 준 특별한 능력에 의해서가 아니라 내가 신으로부터 받은 참된 판단 능력이 내 안에 무한하지 않기 때문에 발생하는 것뿐이다.

데카르트는 우리가 오류를 범하는 것이 꼭 나쁘지는 않다고 말한다. 데카르트는 빛과 어두움이 모두 존재하는 것이 아니라 어두움이란 빛이 없는 상태에 불과한 것처럼, 오류를 범하는 것은 악을 저지르는 상태가 아니라 완전함이 없는 상태에 불과하다고 본다. 그러니까 인간이 저지르는 오류는 인간이 불완전한 존재이기 때문에 생기는 완전함의 결여일 뿐이라는 말이다. 사실 이러한 생각은 성 어거스틴이라고도 불리는 아우구스티누스가 《고백록》에서 이미 주장한 적이 있다. 아우구스티누스는 어둠과 빛이 둘 다 실제로 존재하는 것이 아니라 어둠은 빛이 없는 상태에 불과하고, 또 차가움과 따뜻함이 둘 다 실제로 존재하는 것이 아니라 차가움은 따뜻함이 없는 상태라고 주장하면서, 마찬가지로 이 세상에 선과 악 둘 다 존재하는 것이 아니라 악은 선이 없는 상태라고 말한다. 그러므로 세상에는 악이 실제로 존재하는 것이 아니며 따라서 신이 악을 창조했다고 말할 수 없다고 주장한다.

이와 마찬가지 논리로 데카르트 역시 우리가 간혹 오류를 범하는 이유는 신이 우리에게 오류를 범할 수 있는 어떤 능력을 부여해서가 아니라 신으로부터 받은 인간의 판단 능력이 완전하지 않아서라고 주장한다. 오류는 우리가 완전하지 않아서 생긴 것일 뿐이며, 그런 이유로 특별히 나쁜 것이라고 할 수 없다는 것이다.

하지만 데카르트는 이런 대답만으로는 충분히 만족할 수 없다고 말하면서 논의를 이어 간다.

그러나 여전히 이런 생각이 완전히 만족스럽지는 않다. 왜냐하면 오류란 순수한 부정이 아니라, 오히려 내 안에 있어야만 하는 지식의 결여 또는 결핍이기 때문이다. 그리고 신의 본성에 주목해 보면, 신이 완전하지 않은 어떤 능력, 또는 가지고 있어야만 하는 완전성을 결여한 능력을 내 속에 넣어 두었다는 것은 불가능하다. 장인은 숙련되면 될수록 점점 더 완전한 작품을 만들 수 있다. 만약 그렇다면 만물의 최고 창조자가 만든 것이 어떻게 모든 면에서 완전하고 완벽하지 않을 수 있겠는가? 게다가 신이 나에게 결코 잘못을 저지르지 않는 본성을 줄 수도 있었다는 것은 의심의 여지가 없다. 또 신은 항상 가장 좋은 것을 원한다는 것 역시 의심의 여지가 없다. 그렇다면 설마 내가 잘못을 저지르지 않은 것보다 잘못을 저지르는 것이 더 나은 것인가?

데카르트는 여기에서 다음과 같은 의문을 던진다. 만약 완전한 신이 인간 역시 완전하게 창조했다면, 지금처럼 완전함이 없는 상태가 없지 않았을까? 즉 신이 완전하다면 인간을 창조할 때 어떤 오류도 범하지 않게 창조할 수 있지 않았을까? 그렇다면 이 세상에 존재하는 악에 대한 책임은 이렇게 완벽하지 않은 인간을 창조한 신에게 있지 않을까?

3. 인간의 불완전함은 신의 책임인가?

이제 데카르트는 이런 의문들에 대한 답변을 제시한다.

　이런 문제들을 좀 더 주의 깊게 생각해 보면, 무엇보다도 다음과 같은 생각이 먼저 든다. 신이 행한 일의 이유를 내가 이해하지 못한다고 해서 놀랄 까닭도 없다. 그리고 신이 왜 그리고 어떻게 만들었는지를 내가 파악할 수 없는 경우가 있다고 해서 신이 존재한다는 것을 의심할 필요도 없다. 왜냐하면 지금 나는 내 자신의 본성은 아주 약하고 제한되어 있는 반면에 신의 본성은 광대하고 헤아릴 수 없으며 무한하다는 것을 알고 있기 때문에, 신은 내가 그 원인을 알지 못하는 수많은 일을 할 수 있다는 사실 또한 금방 알게 된다. 그리고 이러한 이유만으로도 나는 자연학(물리학)에서 목적 원인(발생하는 일이나 존재하는 것들은 항상 신이 부여한 어떤 목적이나 이유 때문에 발생하거나 존재한다는 의미)을 찾는 것이 아무 소용이 없다고 생각한다. 내가 신의 목적을 알아낼 수 있다고 생각하는 것은 상당히 주제넘은 짓이다.

　또 다음과 같은 생각도 든다. 신이 만든 작품들이 완전한지 아닌지를 탐구할 때는, 창조된 것 하나하나를 그 자체로 살펴보지 말고 우주 전체를 살펴보아야 한다. 왜냐하면 그 자체로는 아주 불완전한 것으로 분명하게 보이는 것도, 세계의 한 부분으로 기능할 때는 꽤 완벽하기 때문이다. 내가 모든 것을 의심하기로 결정한 이후로 지금까지 내가 확실하게 알게 된 것은, 내가 존재한다는 것과 신이 존재한다는 것뿐이다. 하지만 내가 신의 광대한 능력에 대해 생각한 이후로는 신이 다른 많은 것을 만들었다는 사실, 아니면 적어도 만들 수 있다는 사실, 따라서 나는 사물의 우주적인 체계 속에서는 하나의 부분만을 차지할지도 모른다는 사실을 부인할 수 없다.

여기서 데카르트는 두 가지 측면에서 우리의 불완전함을 신의 책임으로 돌릴 수 없다고 주장한다. 첫 번째는 신이 왜 우리를 불완전하게 만들었는지에 대해서 불완전한 우리는 이해할 수도 없고 이해하려고 해서도 안 된다는 것이다. 말 그대로 우리는 완전하지 않기 때문에 완전한 존재인 신의 뜻을 이해할 수 없다. 예를 들어, 산수만 겨우 하는 초등학생이 수학자들이 푸는 어려운 미적분 문제를 전혀 이해할 수 없는 것처럼, 불완전하고 부족한 인간이 신이 왜 인간을 불완전하게 만들었는지에 대해 이해하려는 시도는 주제넘은 짓이라는 것이다.

두 번째로 데카르트는 다음과 같이 신을 옹호한다. 신에 비해서 인간은 불완전한 존재이고 그래서 신이 인간을 잘못 만든 것처럼 보이지만, 우주 전체로 봤을 때는 여러 부족한 존재들이 조화를 이루어

살아가는 것이 신에게는 더 큰 완전성일 수 있다는 것이다. 오케스트라가 연주하는 교향곡의 예를 한번 생각해 보자. 만일 어떤 악기 하나가 아름답지 않은 멜로디를 연주하면 듣기 싫겠지만, 그 듣기 싫은 멜로디가 오케스트라 전체가 만들어 내는 소리의 부분이 될 때에는 아름다운 교향곡으로 완성된다는 것을 우리는 잘 알고 있다. 아니면 1000피스 퍼즐을 맞추는 경우를 생각해 보자. 마침 내가 손에 쥔 퍼즐 조각은 검은색으로만 되어 있어서 전혀 아름답지 않았지만, 전체를 다 맞추고 나니 그 검은색 퍼즐 조각이 아름다운 전체의 일부분으로 쓰인 경우도 있을 것이다. 이와 마찬가지로 인간의 불완전함은 그것만 떼어 놓고 보면 오류처럼 보일 수 있지만, 전체 우주를 보았을 때는 그 오류가 완전한 우주를 만들게 하는 부분일 수도 있다. 따라서 신이 인간을 불완전하게 만든 것을 탓할 수 없다는 것이 데카르트의 생각이다.

4. 인간의 자유 의지는 무한하다! - 지성과 의지

앞에서 데카르트는 우리가 저지르는 잘못의 원인이 신에게 있지 않다는 것을 증명했다. 그렇다면 잘못의 원인은 인간에게 있는 것이 된다. 그러면 어떤 것이 인간을 오류로 이끄는 원인일까?

데카르트는 여기서 우리 정신의 능력 가운데서 지성과 의지를 구분한다. 우선 데카르트가 말하는 지성이란 무엇일까? 지성은 무엇보다 우리가 갖고 있는 생각의 내용이라 할 수 있다. 예를 들어, '이 책은 직사각형이다.'라든가, '저기 내 친구 형돈이가 걸어오고 있다.' 등등과 같은 경우다. 그렇다면 의지란 무엇일까? 의지는 이 지성의 내용을 긍정하거나 부정하는 행위다. '이 책은 직사각형이다.'라는 지성의 내용을 맞다고 판단하거나, 형돈이는 개화동에 살기 때문에 저기서 걸어오는 사람이 형돈이가 아닐 가능성이 높아 '저기 내 친구 형돈이가 걸어오고 있다.'라는 지성의 내용을 틀렸다고 판단하는 것이 바로 의지가 하는 일이다. 즉 의지가 하는 일은 내가 지성으로 생각한 내용에 맞거나 틀렸다고 동의(긍정)하거나 동의하지 않는(부정하는) 것이다. 바로 이 판단하는 힘인 의지가 바로 인간을 오류로 이끄는 원인이라는 것이 데카르트의 논리인 셈이다.

다음으로 나 자신을 더 가까이 살펴보고, 나의 오류란 무엇인지에 대해 탐구해 보면 — 왜냐하면 오류만이 내 안에 있는 어떤 불완전성을 증명하기 때문이다 — , 오류는 동시에 작용하는 두 가지 원인, 즉 내 안에 있는 인식 능력과 선택 능력 또는 자유 의지에 의존하고 있음을 알게 된다. 다시 말해, 오류는 지성과 의지에 동시에 의존하고 있음을 발견하게 된다. 지성이 하는 일의 전부는 내가 관념을 지각할 수 있게 해서 판단을 할 수 있도록 하는 것이다. 그리고 이런 점에서 엄밀하게 생각해 볼 때, 이 용어의 본래적인 의미에서 지성은 오류를 포함할 수 없다는 사실이 드러난다. 왜냐하면 내 안에 상응하는 관념이 존재하지 않는 사물들이 무수히 많이 있다고 해도, 엄밀하게 말해서 그러한 관념이 나에게 허락되지 않았다고 말해서는 안 되며, 단지 부정적인 의미에서 나는 그것을 갖고 있지 않다고 말해야 하기 때문이다. 왜냐하면 신이 내게 준 것보다 더 큰 인식 능력을 주어야 했다는 사실을 증명할 만한 아무런 이유가 없기 때문이다. 그리고 신이 아무리 숙련된 기술을 가진 장인이라고 하더라도, 신이 몇몇 작품에 넣어 줄 만한 모든 완전성을 자신의 작품 하나하나에 넣어 주었어야 했다고 나는 생각하지 않는다.

결론적으로 데카르트는 우리가 오류를 범하는 것은 지성 때문이 아니라고 말한다. 예를 들어, '저것은 분홍색 코끼리다.'라는 지성의 내용을 가졌다고 해 보자. 물론 분홍색 코끼리는 존재하지 않는다. 하지만 내가 머릿속에 떠올리는 분홍색 코끼리라는 그 내용 자체는 문제가 없다. 그건 내 머릿속에서 떠올리는 내용이기 때문이다. 미리 말하자면, 만약 그 내용을 의지를 통해서 긍정한다면 오류가 발생하는 것이다. 즉 내가 현재 나의 지성의 내용인 분홍색 코끼리가 실제로 존재한다고 나의 자유 의지로써 판단할 때, 나는 오류를 범하는 것이다.

또한 데카르트는 인간인 이상 지성은 한계가 있다고 말한다. 우리는 세상에서 일어나는 모든 일을 알 수는 없다. 예를 들어 분자 차원에서 일어나는 일도 알지 못하고, 우리 세포에서 일어나는 일도 잘 알지 못한다. 하지만 인간의 의지는 한계가 없다.

게다가 내가 신에게 받은 의지 혹은 선택의 자유가 충분히 크고 완전하지 않다고 불평해서도 안 된다. 왜냐하면 나는 그것이 어떤 식으로 제한되어 있지 않음을 경험하기 때문이다. 더욱이 주목해야 할 것은, 내 안에 의지만큼 완전하고 큰 것은 없고, 그래서 나는 그것이 더 완전해지고 더 커질 수 있는 것으로 생각할 수 없다는 사실이다. (…) 내가 내 안에서 그보다 더 큰 능력의 관념을 포착할 수 없을 정도로 크다고 경험하는 것은 오직 의지, 곧 선택의 자유뿐이다. 그렇기 때문에 내가 어느 정도 나 자신을 신의 이미지와 신의 닮은꼴로 이해하게 되는 것 역시 무엇보다 이 의지 덕분이다. 물론 의지를 더 확고하고 효과적으로 만들어 주는 인식과 힘의 측면에서, 또 의지가 더 많은 대상에 미친다는 측면에서, 신의 의지는 나의 의지와는 비교가 되지 않을 정도로 더 크다. 하지만 그럼에도 불구하고 본질적이고 엄격한 의미에서 신의 의지는 나의 의지보다 더 크지는 않다. 의지는 단지 우리가 어떤 것을 할 수 있거나 할 수 없다는 것 – 어떤 것을 긍정하거나 부정하고, 추구하거나 기피하는 것 – 에 의존해서 성립하기 때문이다. 아니면 오히려 우리가 긍정하거나 부정하도록, 또는 추구하거나 기피하도록 어떤 것이 제시될 때, 의지는 우리의 경향성이 외부의 힘에 의해 결정되지 않음을 느낀다는 사실에 의존하고, 그것에 의해 성립한다.

내가 자유롭기 위해서 양쪽 모두에 이끌릴 수 있어야 하는 것은 아니다. 반대로, 내가 어느 한쪽에 더 이끌릴수록 – 내가 진리와 선함의 근거가 어떤 한 방향으로 이끈다고 명확하게 인식하기 때문이든, 아니면 신이 내 생각의 성향을 그렇게 만들었기 때문이든 – 나의 선택은 더 자유롭다. 신의 은총이나 자연적 인식은 자유를 감소시키지 않고 오히려 증가시키고 강화시킨다. 하지만 한 방향으로 나를 이끌고 가는 근거가 없을 때, 내가 경험하는 저 비결정성(둘 중의 어느 쪽을 선택할지 결정되어 있지 않은 상태)은 가장 낮은 단계의 자유다. 비결정성은 의지의 완전성에 대한 증거가 아니라 오히려 인식의 결함, 즉 일종의 부정성에 대한 증거다. 왜냐하면 만약 내가 참되고 선한 것을 항상 분명히 알고 있다면, 나는 결코 옳은 판단이나 선택이 무엇인지 숙고할 필요가 없을 것이기 때문이다. 그래서 나는 전적으로 자유롭기는 하지만 비결정의 상태에 있기란 결코 가능하지 않다.

여기서 데카르트는 인간이 가진 자유 의지가 신의 의지만큼 무한하다고 말한다. 왜냐하면 신이 자유롭게 이것을 할 것인지 저것을 할 것인지 선택할 수 있는 것처럼, 인간도 이것을 할 것인지 저것을 할 것인지 자유롭게 의지할 수 있기 때문이다. 예를 들어, 지금 나는 내 의지대로 이 책 읽기를 그만두고 TV를 보러 갈 수도 있고, 계속 이 책을 읽기로 의지할 수도 있다. 외부의 강제가 없는 한 나는 '내 마음대로' 할 수 있는 것이다. 우리가 자유롭다고 느끼는 것은 바로 이 의지 때문이다. 이처럼 자유 의지는 어떤 것을 내 마음대로 선택할 수 있는 능력이다. 내가 중국 음식점에 갔다면 짬뽕을 먹을지 자장면을 먹을지 내 의지에 따라 결정할 수가 있다. 그런 의미에서 내가 어떤 것을 선택할 때 갖는 자유(의지)와 신이 어떤 것을 선택할 때 갖는 자유(의지)는 원칙적으로 동일하다.

그런데 데카르트는 여기서 이걸 할 수도 있고 저걸 할 수도 있는 상태, 즉 비결정성의 상태를 낮은 단계의 자유라고 말한다. 왜 그럴까? 정말 자유로운 것은 이것도 할 수 있고 저것도 할 수 있는 것이 아닐까? 예를 들어, 우리는 친구를 괴롭힐 자유도 있고 따뜻하게 대할 자유도 있다. 하지만 데카르트가 생각하기에 우리의 진정한 자유는 친구를 따뜻하게 대해 주는 것을 '자연스럽게' 의지하는 것이다. 즉 친구를 괴롭히는 것은 진정으로 자유로운 의지를 가진 사람에게는 아예 선택지 자체가 될 수 없다. 다시 말해, 진정한 자유는 여러 선택지 중의 하나를 고르는 것이 아니라 가장 올바른 선택지 하나를 '자유롭게' 선택하는 것이다. 좀 더 쉽게 설명하자면, 우리가 중국 음식점에 가서 짬뽕을 먹을지 자장면을 먹을지 선택할 수 있지만, 우리가 어떤 하나를 정말 먹고 싶을 때는 아마 고민도 없이 하나를 선택하게 된다. 즉 데카르트는 진정한 자유는 이처럼 무언가를 향해 이끌려 가는 것이며, 그것은 올바른 것, 즉 진리나 선을 고민 없이 선택하는 것이라고 말한다.

5. 그럼 오류의 원인은 어디에?

이어서 데카르트는 다시 한 번 오류의 원인에 대해서 이야기한다. 앞에서 데카르트는 우리가 오류를 범한다고 해서 신을 탓할 수는 없다고 말했다. 왜냐하면 우리가 가진 지성은 그 자체로 완전하고, 의지 또한 신이 가진 의지만큼 크기 때문이다. 그렇다면 인간의 오류는 왜 일어나는 것일까?

이러한 것들을 고려해 볼 때, 신으로부터 받은 내 의지하는 힘 그 자체는 실수의 이유일 수 없다. 왜냐하면 의지하는 힘은 극히 거대하고 또 그 자체로 완전하기 때문이다. 나의 인식하는 힘 역시 비난받아서는 안 된다. 왜냐하면 나의 인식은 신에게서 왔기 때문에 인식하는 모든 것을 내가 올바로 인식하고 있음에 의심의 여지가 없으며, 따라서 여기에는 어떤 오류도 불가능하기 때문이다.

그렇다면 나의 오류는 어디에서 생기는 것일까? 그것은 오직 다음의 이유일 수밖에 없다. 즉 의지의 활동 범위가 지성의 활동 범위보다 더 넓은데, 내가 의지의 활동을 지성의 범위 안에 제한하기보다는 오히려 내가 인식하지도 않은 문제에까지 의지의 사용을 확대시키기 때문이다. 이런 경우에 의지는 결정되지 않은 상태(나의 인식의 범위를 넘어서는 상태)에 있기 때문에 참된 것과 선한 것에서 쉽게 벗어난다. 이것이 내가 오류를 범하고 죄를 짓는 근원이다.

데카르트는 지성 그 자체, 의지 그 자체가 잘못이 아니라 우리가 의지를 제멋대로 사용하기 때문에 오류를 범한다고 설명한다. 즉 지성을 통해서 파악한 확실한 것만 인정하고, 확실하지 않은 것에 대해서는 부정을 하거나 적어도 판단을 하지 말아야 하는데, 우리는 우리가 가진 의지의 자유를 통해서 너무 쉽게 잘못된 것을 옳다고, 또 옳은 것을 잘못되었다고 판단한다. 즉 오류의 원인은 우리가 신에게서 받은 의지를 함부로 사용하기 때문이라는 것이 데카르트의 설명이다. 그렇다면 이제 신은 인간의 오류에 대해 아무 잘못이 없게 된다.

만일 어떤 것이 참인지를 충분히 명확하고 분명하게 지각하지 않을 때 판단을 보류한다면, 나는 올바르게 행동하고 있으며 오류를 피하고 있음이 분명하다. 하지만 그럴 때 내가 그것을 긍정하거나 부정한다면, 나는 자유 의지를 올바르게 사용하고 있지 않은 것이다. 만약에 내가 그른 선택을 하게 된다면, 내가 잘못을 저지르게 될 것은 분명하다. 만약에 내가 다른 쪽을 선택하더라도, 나는 순전히 우연에 의해 진리에 도달하게 된 것이다.

데카르트는 무엇이 옳은 것인지 확신할 수 없는 경우에는 판단을 중지하라고 말한다. 우리는 의지의 자유를 가지고 있고 그래서 원칙적으로 어느 것이든 선택할 수 있지만, 확실하지 않을 때는 선택을 중지하는 것 역시 자유를 올바로 사용하는 방법이다. 왜냐하면 확실하지도 않은 것에 대해 섣불리 판단을 내리게 되면 우리는 결국 오류를 범하게 될 것이기 때문이다. 또 확실하지 않은 상태에서 선택을 했는데 운이 좋아서 진리에 이르렀다고 하더라도, 이는 오류를 벗어난 것이 아니다. 시험 문제를 풀 때 그냥 '찍어서' 정답을 맞혔다고 해서 우리가 그 답을 안다고 할 수 없는 것과 마찬가지다.

6. 신은 오류의 원인이 아니다

이어서 데카르트는 다시 한 번 신의 완전성을 옹호한다. 앞에서 데카르트는 우리의 오류는 우리가 신에게서 받은 자유 의지를 지성의 범위를 넘어서는 것에까지 적용할 때 발생한다고 주장했다. 그러나 이에 대해서 이렇게 반론하는 사람도 있을 것이다. 신이 완전하다면, 신이 우리에게 자유 의지를 줄 때 오류를 범하지 않는 의지를 줄 수도 있지 않았을까?

나의 지성이 명확하고 분명하게 지각하지 않는 것에 내가 동의하거나 동의하지 않을 자유를 신이 나에게 주었다는 것은 확실히 신의 불완전성이 아니다. 하지만 내가 이 자유를 잘못 사용해서 완전히 이해하지 않은 문제에 대해 판단을 내리는 것은 의심할 여지 없이 나의 불완전성이다. 그렇지만 내가 자유로우면서도, 또 지성의 한계를 가지면서도, 그럼에도 내가 결코 오류를 저지르지 않도록 만드는 것은 신에게 아주 쉬운 일이었을 것이다. 예를 들어, 신은 내가 항상 곰곰이 생각해야 하는 모든 것에 대해서 내 지성에 명확하고 분명한 지각을 부여할 수 있었을 것이다. 또는 내가 명확하고 분명하게 인식하지 않은 것에 대해서는 결코 판단을 내려서는 안 된다는 사실을 잊지 않도록 내 기억에 각인시켜 놓을 수도 있었을 것이다. 만약 신이 나를 이렇게 창조했다면, 나를 하나의 전체로서 볼 때 나는 지금보다 더 완전했을 것이라고 쉽게 이해할 수 있다. 그러나 모든 것이 정확히 똑같을 때보다, 어떤 것은 오류를 피하고 다른 것은 오류를 범할 때 우주 전체의 완전성이 더 크다는 것을 나는 부인할 수 없다.

사람들이 말하는 것처럼 신이 모든 것을 할 수 있는 존재라면, 항상 옳은 것만 따라가고 확실하지 않은 것에 대해서는 긍정도 부정도 하지 않는 그런 의지를 우리에게 주는 것은 신에게는 그리 어려운 일이 아니었을 것이다. 하지만 데카르트가 생각하기에 만약 우리가 가진 의지가 항상 정답만을 따르도록 되어 있다면, 우리는 자유롭다고 말할 수 없을 것이다. 말하자면 그런 인간은 퀴즈 프로에서 항상 1등을 놓치지 않는 로봇과 같을 것이다. 그 로봇은 절대 실수하지 않고 언제나 정답을 선택하지만 자유롭다고는 할 수 없다. 신은 그러한 인간을 만드는 것보다 때로는 오류를 저지를 수 있지만 자유로운 인간을 만드는 것이 더 낫다고 판단했다는 것이 데카르트의 생각이다.

또 앞에서 이야기한 것처럼, 모두가 착하고 완전한 존재만 사는 우주보다는 아주 미개한 생물부터 불완전한 인간까지 다양한 존재가 함께 어울려 살아가는 우주가 잘못을 저지르지 않는 로봇 같은 인간만이 사는 우주보다 더 낫다고 생각할 수도 있다. 공부를 잘하는 학

생들만 있는 학교보다는 다양한 개성을 가진 학생들이 어울려 있는
학교가 학교 전체로 볼 때는 더 낫다고 할 수 있지 않을까?

다섯 번째
성찰

다섯 번째 성찰

데카르트가 《성찰》을 쓴 목적 중의 하나는 정신과 물체가 본질적으로 다르다는 것을 보이는 것이었다. 앞의 〈두 번째 성찰〉에서 정신으로서 존재하는 나의 본질이 '생각한다'라는 것임을 증명하면서 인간 정신의 본질을 탐구한 데카르트는, 이제 〈다섯 번째 성찰〉에서 물체의 본질을 탐구한다. 정신의 본질이 '생각한다'였으니, 정신과 물체가 다르기 위해서 적어도 물체의 본질이 '생각한다'는 아닐 것이다. 데카르트는 〈다섯 번째 성찰〉에서 물체의 본질은 공간을 차지함(=연장)이라고 주장한다. 그런데 〈첫 번째 성찰〉에서 모든 물질세계는 의심되었고 이후로 데카르트는 물질세계가 존재한다는 것을 아직 증명하지 않았다. 지금까지 존재한다고 증명된 것은 정신으로서의 나(〈두 번째 성찰〉)와 신(〈세 번째 성찰〉)뿐이다. 그렇다면 물질이 존재하지도 않는데 도대체 물질의 본질은 어떻게 알 수 있을까? 이 질문에 대한 데카르트의 대답이 궁금하다면 〈다섯 번째 성찰〉을 천천히 읽어 보자.

또한 데카르트는 〈다섯 번째 성찰〉에서 다시 한 번 신의 존재를 증명

한다. 물론 이번에는 앞의 〈세 번째 성찰〉에서 했던 '트레이드마크' 증명이
나 '보존은 창조와 같다.'라는 증명과는 다른 방식의 신 존재 증명이 등장
한다. 〈다섯 번째 성찰〉에서 데카르트의 신 존재 증명을 흔히들 '존재론적
증명'이라고 부른다. 이번 성찰에서 데카르트는 어떤 방식으로 신이 존재
한다는 사실을 증명하는지 이 역시도 신경을 써서 보도록 하자.

1. 물체의 본성은 무엇인가?

    데카르트는 지금까지 증명한 나 자신과 신의 속성에 관해서도 탐구해야 할 많은 것이 여전히 남아 있지만, 물체의 존재에 대해서 아직 의심에 빠져 있으므로 이 의심에서 벗어나게 해 줄 확실한 지식을 찾고자 한다. 그러기 위해서는 우선 물체가 실제로 존재하는지 검토해야 하겠지만, 데카르트는 그 탐구를 마지막 〈여섯 번째 성찰〉로 미룬다. 데카르트는 지금까지 내 정신 안에는 관념들이 존재하고 그중에는 나의 존재나 신의 관념처럼 의심할 수 없는 확실한 관념들이 있음을 증명했기 때문에, 이번 성찰에서는 우선 내 생각 속에 있는 관념 중에서 물체에 대한 관념을 먼저 생각해 보기로 한다. 물체에 대한 관념은 물체가 실제로 존재하든 존재하지 않든 내 정신 속에 이미 존재하고 있으므로, 혹시 물체가 실제로 존재하지 않더라도 탐구해 볼 수 있는 문제이기 때문이다.

    신의 속성, 그리고 나 자신 즉 내 정신의 본성과 관련해서 탐구해야 할 문제들이 아직도 많이 남아 있다. 하지만 나는 다른 기회에 이러한 문제들을 다루어야겠다. 나는 이제 진리에 도달하기 위해서 무엇을 해야 하고 무엇을 피해야 하는지 알게 되었기 때문에, 나에게 가장 시급

한 일은 지난 며칠 동안 빠져 있던 의심에서 벗어나기 위해 노력하는 일이고, 물질적 사물에 대해 어떤 확실한 것을 얻을 수 있는지 살펴보는 일이다.

그러나 어떤 물질적 사물이 내 외부에 존재하는지를 탐구하기 전에, 나는 우선 내 생각 속에 있는 물질적 사물의 관념을 살펴보고, 그 가운데 어떤 것이 분명하고 또 어떤 것이 불분명한지를 검토해야만 한다.

내가 분명하게 상상하는 것은 수적으로 표현될 수 있는 양적인 것, 혹은 철학자들이 보통 연속량으로 부르는 것이다. 즉 나는 길이, 넓이, 깊이처럼 수로 표현될 수 있는 것이 공간을 차지함을 분명하게 상상한다. 또한 나는 사물의 다양한 부분들을 셀 수 있고, 이런 부분들 각각에 다양한 크기, 모양, 장소, 위치, 운동을 부여한다.

데카르트는 물체의 본질로 연장을 꼽는다. 여기에서 말하는 연장은 망치나 방망이 같은 도구가 아니라, 길이, 넓이, 부피와 같이 물체가 공간을 차지하는 성질을 의미한다.

그런데 데카르트는 왜 연장, 즉 공간을 차지하는 성질이 물체가 가진 여러 성질들 중에서 가장 본질적이라고 말했을까? 물체는 길이, 넓이, 부피와 같은 성질뿐만 아니라 색깔, 냄새, 온도 같은 성질들도 가지고 있는데 왜 그러한 성질들은 물체의 본질이 될 수 없을까? 예를 들어, 바나나를 한번 생각해 보자. 어떤 사람들은 바나나의 본질이 노란색이라고 말할 수 있을 것이다. 그런데 바나나는 시간이 지나면 색이 검게 변하기도 하고, 또 색맹인 사람들은 바나나가 노란색인지 모를 수도 있다. 맛은 또 어떤가? 나는 바나나를 상당히 달다고 생각하는데 내 친구는 바나나의 당도를 나와는 다르게 느낄 수도 있다. 이렇게 상태나 사람에 따라 변하는 것을 사물의 본질이라고 할 수는 없을 것이다.

본질은 그 물체의 성질을 대표해야 하는데, 모든 물체가 다 색을 가지고 있는 것도 아니고, 가지고 있다고 해도 보는 사람에 따라 색은 달라질 수도 있다. 하지만 공간을 차지하지 않는 물체란 있을 수 없다. 물론 어떤 물체는 많은 공간을 차지하고 어떤 물체는 적은 공간을 차지하기는 하지만, 둘 다 공간을 차지한다는 것은 공통적인 성질이다. 다시 말해, 공간을 차지하지 않는다면 물체가 아닐 것이다. 이에 대한 반론을 위해 어쩌면 여러분은 원자나 분자의 경우를 떠올릴 수도 있을 것이다. 하지만 원자나 분자 역시 우리 눈에 보이지 않는 미세한 차원에서 공간을 차지한다. 따라서 데카르트는 물체의 본성을 '연장', 즉 공간을 차지하는 성질이라고 정의한다.

또한 데카르트가 물체의 본질을 공간을 차지함이라고 말한 이유 중의 하나는 길이, 넓이, 부피는 수로 나타낼 수 있는 성질이기 때문이다. 데카르트는 갈릴레오가 생각한 것처럼 '자연은 수학으로 쓰인 책'이라고 생각했다. 그래서 수학이 인간 정신으로 파악할 수 있는 학문이듯이, 물체로 이루어진 자연의 세계 역시 수로 정확히 표현될 수 있기 때문에 인간 정신으로 정확하게 파악할 수 있는 대상이라고 생각했다. 즉 데카르트는 자연이 더 이상 신비하고 두려운 존재가 아니라 인간의 정신으로 파악할 수 있고 활용 가능한 대상이라고 생각한 것이다.

2. 물체의 본성은 그것을 경험하지 않아도 알 수 있다

데카르트는 아직 물체가 존재한다는 것을 증명하지도 않았는데 '공간을 차지함'이 물체의 본질임을 어떻게 알게 되었을까? 데카르트는 신의 관념처럼 물체의 본질에 대한 관념 역시 우리가 태어날 때부터 이미 가지고 태어났다고 말한다.

일반적으로 이러한 것들은 나에게 잘 알려지고 명료하지만, 더 나아가 내가 그것들에 조금만 주의를 기울이면 모양, 수, 운동 등과 관련해서 수많은 개별적인 특징을 지각하게 된다. 그리고 이러한 것들의 진리는 매우 자명하고 나의 본성과 아주 잘 맞아서, 내가 그것들을 처음 발견할 때 새로운 어떤 것을 배운다기보다는 내가 이미 알고 있던 것을 기억해 내는 것 같다. 아니면 그것은 오랫동안 내 안에 있었지만 이전에는 내 정신의 눈을 돌려 본 적이 없다가 처음으로 내가 주목하는 것 같다.

하지만 내 생각에 이 시점에서 가장 중요한 고려 사항은, 비록 내 외부 어디에도 존재하지 않을지 모르지만 그렇다고 아무것도 아니라고 할 수 없는 것에 대한 관념이 내 안에는 무수히 많다는 사실이다. 왜냐하면 비록 그 관념들은 어떤 의미에서 내가 의도적으로 떠올릴 수 있기는 하지만, 내가 만들어 낸 것이 아니라 참되고 변하지 않는 본성을 가지고 있기 때문이다. 예를 들어 내가 삼각형을 상상할 때, 그 도형이 내 생각 바깥의 세계에 존재하지 않고 또 지금까지 존재한 적이 없었다고 하더라도, 여전히 삼각형의 구체적인 본성, 본질, 형상은 존재한다. 이러한 것은 변하지 않고 영원한 것이지 내가 만들어 낸 것도 아니고 내 정신에 의존하는 것도 아니다. 이는 삼각형의 다양한 특성들, 예를 들어 삼각형의 세 각의 합은 두 직각과 같다는 것, 가장 큰 각은 가장 큰 변과 대응한다는 것 등이 증명된다는 사실에서 분명하다. 내가 이전에 삼각형을 상상할 때에 이러한 특성들을 결코 생각해 본 적이 없다고 하더라도, 나는 지금 내가 원하든 원하지 않든 그 특성들을 명확하게 인식하고 있으므로, 따라서 그 특성들은 내가 만들어 낸 것일 수 없다.

앞에서 말한 것처럼, 철학자들은 우리가 처음부터 가지고 태어난 관념을 '본유 관념'이라고 부른다. 즉 본래부터 소유한 관념이라는 뜻이다. 그렇기 때문에 우리가 물체의 본성이 무엇인지 알기 위해서 직접 물체를 감각적으로 경험할 필요는 없다. 우리 바깥에 물체가 없더라도 우리에게 이미 있는 물체의 관념을 통해서 모든 물체의 본질적 특성은 '공간을 차지함'이라는 사실을 알 수 있다. 예를 들어, 이 세상에 삼각형이 존재하지 않더라도 그리고 삼각형을 한 번도 눈으로 본

적이 없어도, 우리는 삼각형의 세 각의 합은 180도라는 것을 알 수 있다. 이런 사실은 내가 만들어 낸 것이 아니다. 왜냐하면 내가 이 세상에 존재하지 않더라도, 아니 온 세상이 존재하지 않아도 변하지 않는 사실이기 때문이다.

3. 천각형을 감각적으로 경험하는 것이 가능할까?

아마도 어떤 사람들은 이렇게 반박할 수 있을 것이다. 우리가 모든 물체는 공간을 차지하는 성질이 있음을 알게 된 이유는, 세상에 이미 존재하는 물체들을 감각을 통해서 경험해 보니 모두 길이, 넓이, 부피를 가지고 공간을 차지하고 있었고, 따라서 그 하나하나의 감각 경험을 일반화시켜서 물체의 본성은 '공간을 차지함'이라는 결론을 내린 것일 뿐이다. 즉 우리가 태어날 때부터 가지고 있던 본유 관념을 통해서 물체의 본질을 알게 된 것이 아니라 경험을 통해서 알게 된 것이다. 이런 반론에 대해서 데카르트는 어떻게 대답할까?

내가 종종 세모 모양의 물체를 본 적이 있기 때문에 삼각형의 관념은 외부의 사물로부터 감각 기관을 통해 나에게 온 것이 아닐까라고 말하는 것은 핵심을 벗어나는 것이다. 왜냐하면 나는 결코 감각을 통해 마주친 적이 있다고 생각할 수 없는 수많은 다른 모양들을 생각할 수 있고, 삼각형의 경우처럼 이러한 모양들의 다양한 특성을 증명할 수 있기 때문이다. 이러한 모든 특성들은 내가 명확하게 인식하고 있으므로 확실히 참이고, 따라서 그러한 특성들은 그저 아무것도 아닌 것이 아니라 확실히 어떤 것이다. 왜냐하면 무엇인가가 참이면 그것이 어떤 것임은 확실하기 때문이다.

그리고 내가 명확하게 인식하는 모든 것은 참이라는 것을 나는 이미 자세히 증명했다. 그리고 설령 내가 이러한 사실을 증명하지 않았더라도, 적어도 내가 그것을 명확하게 지각하는 동안에는 그것에 동의하지 않을 수 없는 것이 내 정신의 본성이다. 심지어 내가 이전에 감각적인 것에 완전히 사로잡혀 있을 때에도 수, 혹은 산수나 기하학과 연관된 것들, 즉 일반적으로 순수하고 추상적인 수학과 관련해 내가 명확하게 인식했던 것들을 가장 확실한 진리로 여겼음을 기억한다.

여기서 데카르트는 물체의 본질은 공간을 차지하는 것이며, 이러한 본질은 세상에 존재하는 물체를 경험하지 않고도 알 수 있다는 주장에 대한 가능한 반박을 살펴보고 있다. 사람들은 이렇게 반문할 수 있을 것이다. 우리가 모든 물체는 공간을 차지하는 성질이 있다고 알게 된 이유는 물체를 감각적으로 하나하나 경험해 보니까 모두 길이, 넓이, 부피를 가지고 공간을 차지하고 있었고, 따라서 그 하나하나의 감각 경험을 일반화시켜서 물체의 본성은 '공간을 차지함'이라는 결론을 내린 것일 뿐이다.

이에 대해서 데카르트는 다음과 같이 대답할 것이다. 삼각형을 한번 생각해 보자. 삼각형이나 사각형, 혹은 오각형은 우리가 외부에 있는 삼각형, 사각형, 오각형의 모습으로 생긴 물체를 보고 거기서 공통적인 모양을 뽑아서 삼각형, 사각형, 오각형의 관념을 가졌다고 생각할 수도 있다는 것을 인정한다. 하지만 천각형은 어떤가? 우리는 천각형을 본 적도 없고 상상할 수도 없을 것이다. 하지만 우리는 천각형의 관념을 가지고 있다. 천각형은 천 개의 변으로 이루어진 도형일 것이다. 우리가 우리 외부에 있는 사물을 보고 도형의 관념을 가지게 된 거라면 우리는 천각형이나 만각형의 관념을 갖는 것이 불가능했을 것이다. 하지만 우리는 천각형이나 만각형이 무엇인지 잘 알고 있고, 그에 대한 관념도 가지고 있다. 따라서 이러한 관념은 경험을 통해서 얻은 것이 아니라 우리가 원래 가지고 있던 관념이라는 것이 데카르트의 생각이다.

4. 세 번째 신 존재 증명 - '존재론적 증명'

데카르트의 《성찰》에는 총 세 번의 신 존재 증명이 등장한다. 우리가 이미 살펴보았듯이 〈세 번째 성찰〉에서 데카르트는 신이 존재한다는 사실을 두 가지 방식으로 증명했다. 이제 〈다섯 번째 성찰〉에서 데카르트는 마지막으로 한 번 더 신의 존재를 증명하고 있다. 이 논증은 전통적으로 '존재론적 논증'이라고 불린다. 간단하게 미리 말하자면, 우리가 가진 신의 관념은 신은 완전하다는 것인데, 존재하지 않는 것은 완전할 수 없기 때문에 완전한 신은 반드시 존재해야 한다는 것이다.

내가 나의 생각에서 어떤 것의 관념을 끌어낼 수 있다는 단순한 사실이, 내가 어떤 사물에 속한다고 명확하고 분명하게 지각한 모든 것이 실제로 그 사물에 속한다는 것을 의미한다면, 이 사실은 신의 존재를 증명할 수 있는 또 다른 논증의 이유가 되지 않을까? 확실히 나는 내 안에서 어떤 도형이나 수의 관념처럼 신의 관념, 즉 최고로 완전한 존재자의 관념을 발견한다. 그리고 내가 어떤 도형이나 수에 대해 증명할 때 어떤 속성(성질, 특징)이 그 도형이나 수의 본성(본질, 개념)에 속한다는 것을 명확하고 분명하게 인식하듯이, 신이 항상 존재한다는 것이 신의 본성에 속한다는 사실도 명확하고 분명하게 인식한다. 그러므로 지난 며칠 동안 내가 성찰했던 것이 모두 참이 아니라고 하더라도, 신의 존재는 내가 지금까지 수학적 진리에 부여했던 것과 최소한 같은 정도의 확실성을 갖고 있어야만 한다.

그렇지만 얼핏 보면 이러한 사실은 그리 분명하지 않고, 얼마간 궤변처럼 보인다. 나는 다른 모든 것에서 존재와 본질을 구분하는 데 익숙해져 있기 때문에, 신의 존재 또한 신의 본질과 분리될 수 있고, 그러므로 신은 존재하지 않는다고 생각해 버리기 쉽다. 하지만 보다 신중하게 생각해 보면, 삼각형의 세 각의 합이 두 직각과 같다는 사실이 삼각형의 본질과 분리될 수 없고 골짜기의 관념이 산의 관념과 분리될 수 없는 것처럼, 신의 존재가 신의 본질과 분리될 수 없다는 사실은 아주 분명하다. 그러므로 신 ─ 최고로 완전한 존재자 ─이 존재하지 않는다 ─ 완전성을 결여하고 있다 ─ 고 생각하는 것은 골짜기 없는 산을 생각하는 것만큼 모순이다.

앞에서 삼각형의 관념은 우리가 태어날 때부터 타고난 본유 관념이라고 했다. 그런데 삼각형은 세 변으로 이루어진 도형이라는 사실, 세 각의 합은 180도라는 사실 등은 삼각형의 관념과 떼어 내려야 뗄 수 없는 사실이다. 즉 삼각형을 떠올리는 그 누구라도, 또 어느 시대에도 그 사실들을 의심할 수는 없다. 이와 마찬가지로, 데카르트는 우리 정신 안에 신에 대한 관념이 있다고 설명한다. 신에 대한 관념도 삼각형에 대한 관념처럼 우리가 태어날 때 타고난 것이다. 그런데 삼각형의 관념과 삼각형의 세 각의 합은 180도라는 관념과 마찬가지로 신의 관념 역시 신에 대한 다른 관념들과 뗄 수 없는 관계다. 즉, 삼각형의 본질이 세 각의 합이 180도인 것처럼, 신의 관념의 본질은 완전성이다. 그런데 완전성을 가진 어떤 것이 만약 존재하지 않는다면 그것을 완전하다고 할 수 없을 것이다. 따라서 완전한 신은 존재할 수밖에 없다. 다시 말해서, '골짜기 없는 산'이 있을 수 없는 것처럼 '존재하지 않는 신'이란 있을 수 없다.

이것을 논증의 과정으로 나타내면 다음과 같다.

1. 내가 가진 신의 관념은 모든 완전함을 소유한 존재에 대한 관념이다.
2. 존재한다는 것은 완전함 중의 하나이다. (존재하지 않는 것은 완전하지 않다.)
3. 그러므로 존재하지 않는 신의 관념을 갖는 것은 불가능하다.
4. 그러므로 신은 존재한다.

5. 신의 존재가 필요한 이유

데카르트는 지금까지 세 번이나 신이 존재한다고 증명했다. 나의 존재는 한 번의 증명으로 충분했는데, 왜 신의 존재는 세 번씩이나 반복적으로 증명되어야 했을까? 이것은 〈첫 번째 성찰〉에서 데카르트가 원했던 의심할 수 없는 확실한 지식 체계를 얻기 위해서 신의 존재가 매우 중요하기 때문이다.

어쩌면 다음과 같이 반문하는 사람도 있을 것이다. 데카르트는 〈다섯 번째 성찰〉에서 신의 존재를 증명하기 전에 이미 물체의 본질은 공간을 차지하는 성질임을 증명했다. 즉 신 없이도 물체의 본질을 증명할 수 있었다. 따라서 이러한 지식은 신이 존재하지 않아도 우리의 관념을 통해서 확실히 알 수 있는 것이 아닌가? 그렇다면 우리가 확실한 지식을 갖기 위해서 반드시 신이 존재할 필요는 없지 않을까?

물론 내가 어떤 것을 아주 명확하고 분명하게 지각하는 동안은 그것이 참이라고 믿을 수밖에 없는 것이 내 본성이다. 하지만 그것을 계속 명확하게 지각하기 위해 정신의 눈을 같은 것에만 계속해서 고정할 수는 없는 것 또한 나의 본성이다. 그래서 내가 어떤 판단을 하게 된 근거에 더 이상 주의하지 않을 때는 이전에 내린 판단의 기억이 종종 되

살아난다. 내가 만일 신을 알지 못했다면, 내 의견을 쉽게 약화시키는 다른 근거들이 나에게 나타날 수 있다. 그러면 나는 어떤 것에 대해서도 결코 참되고 확실한 지식을 갖지 못하고, 단지 변하기 쉽고 변덕스러운 의견만을 가지게 될 것임에 틀림없다.

예를 들어, 내가 삼각형의 본성을 검토할 때, 내가 기하학의 원리를 잘 아는 이상, 삼각형의 세 각의 합은 두 직각과 같다는 것은 나에게 가장 분명한 것처럼 보인다. 그리고 내가 증명 과정에 주의를 기울이는 동안은 나는 그것이 참이라는 사실을 믿지 않을 수 없다. 그러나 내가 내 정신의 눈을 이 증명에서 다른 곳으로 돌리자마자, 나는 그것을 아주 명확하게 지각했다는 사실을 여전히 기억하고는 있더라도, 만일 내가 신을 알지 못했다면 증명이 참인지에 대해서 쉽게 의심에 빠질 수 있다. 왜냐하면 나는 때때로 내가 가장 분명하게 지각한다고 생각하는 문제에 대해서도 잘못을 저지르는 자연적 성향을 가지고 있다고 나 자신을 설득할 수 있기 때문이다. 이러한 사실은 내가 참되고 확실한 것으로 간주했던 것이 나중에 다른 근거에 의해 거짓된 것으로 판단하게 된 경우가 자주 있었다는 사실을 기억해 볼 때 더욱 그러하다.

데카르트는 여기서 의심할 수 없는 확실한 지식을 가지기 위해서 신이 필요한 몇 가지 이유를 제시한다. 첫째, 인간의 정신은 한계가 있어서 항상 확실한 지식을 떠올릴 수는 없다. 여러분은 모두 수업 시간에 삼각형의 내각의 합이 180도라는 사실을 배웠을 것이다. 그 사실을 배울 당시는 증명을 통해서 삼각형의 내각의 합이 180도라는 것을 확실히 알았고, 따라서 그 지식은 의심할 수 없이 확실하다는 것을 분명히 알았을 것이다. 하지만 시간이 지나면 우리는 그 증명을 잊어버린다. 즉 인간의 정신은 유한하기에 수학적 지식도 순간순간 확실하지 않은 지식으로 변해 버린다. 또 당시에는 아주 확실하다고 믿었던 것들이 다른 근거들을 알게 되면서 불확실하게 되는 경우도 많다. 따라서 우리의 기억이 희미해질 때 우리의 기억이 맞다는 것을 보증해 줄 수 있는, 우리를 속이지 않는 신이 필요하다.

　그렇지만 이제 나는 신이 존재한다는 것을 지각했고, 동시에 다른 모든 것은 신에 의존하며, 신은 사기꾼이 아님도 알고 있다. 그리고 나는 내가 명확하고 분명하게 지각하는 모든 것은 필연적으로 참이라는 결론을 이끌어 냈다. 따라서 내가 비록 이것이 참이라고 판단하게 만든 근거들에 대해 더 이상 주의를 기울이지 않는다고 하더라도, 내가 그것을 명확하고 분명하게 지각했다는 사실을 기억하는 한, 나를 의심하게 만드는 어떤 반대 근거도 존재하지 않는다. 오히려 나는 그것에 대해 참되고 확실한 지식을 갖고 있다. 그리고 나는 단지 이런 종류의 것에 대해서뿐만 아니라 기하학과 그와 비슷한 학문들과 같이 내가 증명했다는 사실을 기억하는 모든 종류의 것에 대해서 지식을 가지고 있다.

　이제 어떤 반박이 있을 수 있겠는가? 내가 자주 오류를 쉽게 저지르 도록 만들어졌는가? 하지만 나는 이제 내가 분명하게 이해하는 경우 에는 오류를 저지를 수 없음을 알고 있다. 아니면 과거에는 내가 참되 고 확실한 것으로 간주했던 것이 나중에 거짓된 것으로 인식된 것이 많다고 반박할 것인가? 하지만 나는 이러한 것들 중 어떤 것도 명확 하고 분명하게 지각하지 않았었다. 나는 진리를 확립하기 위한 이 규 칙에 대해 알지 못했고, 그저 나중에 믿을 만하지 못하다고 드러난 다 른 이유에 의해 그렇게 믿고 있었을 뿐이다. 그렇다면 무슨 말이 더 남 았는가? 내가 얼마 전에 그랬던 것처럼, 나는 꿈을 꾸는지도 모른다 고, 아니면 내가 지금 생각하는 모든 것은 자고 있는 사람에게 나타나 는 것만큼이나 참된 것이 아니라고 반박할 것인가? 하지만 이러한 반 박조차 아무것도 변화시키지는 못한다. 왜냐하면 내가 지금 비록 꿈을 꾸고 있다고 하더라도 내 지성이 분명히 아는 것은 확실히 참이기 때 문이다.

　그러므로 나는 모든 지식의 확실성과 진리는 오직 참된 신에 대한 나의 인식에 의존함을, 따라서 내가 신을 알 때까지는 그 어떤 것에 대 해서도 완전한 지식을 가질 수 없음을 분명하게 알고 있다. 이제 나는 무수히 많은 것에 대해서, 즉 신과 그 밖의 지성적인 본성을 지닌 것들 에 대해서, 또한 순수 수학의 주제인 물질적 본성 일체에 대해서도 완전하고 확실한 지식을 얻는 것이 가능하다.

신이 필요한 두 번째 이유는 내가 명확하고 분명하게 지각한 모든 것은 참이라는 진리의 일반 규칙을 보증할 존재가 필요하기 때문이다. 〈첫 번째 성찰〉에서 데카르트는 선한 신이 존재하지 않는다면 나쁜 신이 우리를 속일 가능성을 검토했다. 하지만 신이 존재하고 그 신이 속이지 않는다면 나쁜 신의 가설은 우리를 더 이상 괴롭히지 못할 것이다. 그리고 데카르트는 〈세 번째 성찰〉에서 진리의 일반 규칙 즉 '내가 명확하고 분명하게 지각하는 것은 반드시 참이다.'라는 것을 증명했다. 이 진리의 일반 규칙 역시 선한 신이 존재하기 때문에 가능하다. 즉 내가 나의 지성을 통해서 제대로 파악한 것이 거짓이라면 이 세상에는 믿을 만한 것이 하나도 없을 것인데, 신은 선하기 때문에 그렇게 만들 리가 없다는 것이다. 이러한 이유로 데카르트에게 신의 증명이 그렇게 중요했던 것이다.

여섯 번째
성찰

여섯 번째 성찰

〈다섯 번째 성찰〉에서 데카르트는 물체의 본성이 '공간을 차지함'이라는 것을 증명했다. 하지만 〈첫 번째 성찰〉에서 시작되었던 물체의 존재 여부에 대한 의심은 아직까지 해소되지 않고 있다. 물체의 본성이 공간을 차지함이라는 사실도 우리 바깥에 존재하는 물체를 보고 알게 된 것이 아니라 우리 정신 속에 있는 물체의 관념만을 통해서 알게 된 것이다. 만약 이 세상에 물체가 존재하지 않는다면, 이 세상에 존재하는 것은 오직 나와 신밖에 없게 될 것이다. 물체의 본성까지 알아낸 데카르트는 마지막 〈여섯 번째 성찰〉에서 물체가 실제로 존재한다는 것을 증명하고자 한다.

증명의 방식은 간단하다. 우리는 세상에 존재한다고 여겨지는 물체에 대한 관념을 가지고 있다. 그런데 이 관념은 어디에서 온 것일까? 앞의 〈세 번째 성찰〉에서 신의 존재를 증명할 때처럼 데카르트는 네 가지 후보를 내세운다. 첫 번째 후보는 나 자신, 두 번째 후보는 인간보다 고귀하지만 신은 아닌 천사 같은 존재, 세 번째 후보는 신, 네 번째 후보는 실제로 존재하는 물체다. 데카르트는 앞의 세 후보자가 모두 탈락임을 보인 후 우리의 감각 관념은 실제로 존재하는 물체에서 올 수밖에 없다고 주장한다.

물체가 존재한다는 것을 증명하고 나서 데카르트는 이렇게 존재하는 물체는 〈두 번째 성찰〉에서 이미 존재한다고 증명했던 정신과 서로 완전히 다름을 증명한다. 실제로 이 책《성찰》의 원래 제목은 '제일 철학에 관한 성찰 – 여기서 신의 존재 및 인간의 영혼과 신체의 다름이 증명됨'이다. 지금은 '나는 생각한다, 그러므로 존재한다.'라는 주장이 철학자 데카르트의 가장 유명한 말이 되어 버렸지만, 책 제목을 통해서 알 수 있는 것처럼 애초에 데카르트가《성찰》을 쓴 목적 중의 하나는 내가 존재한다는 사실보다 신이 존재한다는 것, 그리고 영혼(정신)과 신체(물체)가 서로 다름을 증명하는 것이었다.

그렇다면 나의 영혼과 신체가 다르다는 것이 왜 그렇게 중요했을까? 무엇보다도 데카르트가 살던 17세기 유럽은 아직도 기독교적 전통이 지배적인 시대였기 때문에, 육체가 죽은 다음에도 영혼만은 살아남아 천국에 가는 것이 중요했다. 그래서 인간의 정신과 신체가 다르다는 것이 확실해져야 신체는 죽어 썩어 없어지더라도 영혼은 살아남아 천국에 갈 가능성이 생기는 것이다. 이런 이유로 데카르트 역시 정신과 물체가 다르다는 것을 증명해 보이는 것이 중요했다. 또한 데카르트는 물체는 정신과는 다른 본질을 가졌는데, 그것이 수학적으로 표현될 수 있는 성질, 즉 연장이라고 생각했다. 이렇게 되어야 자연이라는 물체는 인간의 정신 능력으로 파악할 수 있는 대상이 되고, 따라서 예측하고 활용할 수 있는 존재가 될 수 있기 때문이다.

1. 물체는 존재한다!

물체가 존재한다는 것을 증명하기 위해서 데카르트는 〈첫 번째 성찰〉을 시작하기 전 우리가 감각 관념을 어떻게 생각했는지 살펴보자고 이야기한다. 〈첫 번째 성찰〉에서 데카르트는 감각 경험에 대해서 모두 의심하기 시작하지만, 그 전에는 감각 경험을 통해서 내가 신체를 가진 것을 알았고, 목마름이나 배고픔과 같은 나의 내부에서 일어나는 일, 그리고 슬픔이나 기쁨 같은 나의 감정에 대해서도 알았다. 또 여러 감각 기관을 이용해서 나의 외부에 물체가 있다는 것도 알았다. 예를 들어, 나는 눈으로 이 책을 보고 있기 때문에 이 책이 나의 외부에 존재한다는 것을 알게 되었다. 또 이 책을 들어서 손으로 만져 보고 이 책이 나의 외부에 존재한다는 것을 알 수 있었다. 그렇다면 이러한 감각 관념은 어디에서 왔을까?

우선 내가 이전에 감각에 의해 지각되었으며 참이라고 간주했던 모든 것들을 되짚어 보고, 또한 내가 그렇게 생각했던 이유에 대해서 검토해 볼 것이다. 그다음으로 내가 나중에 이것들을 의심하게 된 이유를 살펴볼 것이다. 마지막으로 나는 이제 이것들에 대해서 무엇을 믿어야 하는지를 생각해 볼 것이다.

첫째, 나는 감각을 통해서 나의 신체를 구성하는 머리, 손, 발, 그리고 그 밖의 지체를 가지고 있음을 지각했다. 나는 이것들을 나 자신의 일부분으로, 혹은 어쩌면 심지어 나 자신의 전체로 간주했다. 또한 나는 나의 몸이 이로운 방식으로나 해로운 방식으로 나의 몸에 다양하게 영향을 끼치는 다른 많은 물체들에 둘러싸여 있음을 감각을 통해 지각했다. 그리고 나는 이로운 효과는 쾌락의 감각으로, 해로운 효과는 고통의 감각으로 알아냈다. 고통과 쾌락 이외에도 내 안에는 허기, 갈증 등의 욕구에 대한 감각과 즐거움, 슬픔, 노여움 등 감정에 반응하는 몸의 성향에 대한 감각도 있었다. 그리고 나의 외부에 있는 물체의 연장, 모양, 운동 외에도 물체의 단단함, 온기 및 그 밖의 촉각적 성질에 대한 감각도 있었다. 더 나아가 빛, 색깔, 향기, 맛, 소리에 대한 감각도 있었고, 이러한 다양한 감각을 통해 나는 하늘, 땅, 바다 및 그 밖의 물체를 서로 구별할 수 있었다.

엄격하게 말해서 내가 감각적으로 아는 직접적 대상은 오직 관념뿐이지만, 내 생각에 드러났던 이러한 모든 성질들에 대한 관념을 고려해 볼 때, 내가 감각을 통해서 지각했던 것들이 생각과는 상당히 다른 어떤 것, 특히 관념을 만들어 내는 물체라고 믿는 것이 그리 근거 없는 것은 아니었다. 왜냐하면 나의 경험에 따르면 이런 관념들은 나의 동의 없이 내게 오고, 따라서 감각 대상이 감각 기관에 나타나지 않는다면 내가 원한다고 할지라도 그 대상에 대해 감각적으로 알 수 없기 때문이다. 그리고 대상이 나의 감각 기관에 나타났을 때는 감각으로 그것을 알게 되는 것을 피할 수 없다. 그리고 감각에 의해 지각된 관념은 내가 성찰을 통해 의도적으로 만들어 낸 관념이나 나의 기억에 새겨져 있는 관념보다 훨씬 더 생생하고 선명하며 나름대로 분명했기 때문에, 그런 관념이 나 자신에서 비롯되었음은 불가능해 보였다. 그래서 유일한 대안은 그런 관념이 다른 사물로부터 비롯되었다는 것이다.

데카르트는 감각 관념이 우리가 만들어 내고 싶어서 만들어 낼 수 있는 것이 아니므로 나에게서 온 것은 아니라고 말한다. 만약 지금 읽는 이 책의 시각적인 경험을 내가 마음대로 만들어 냈다면, 나는 이 책을 보는 순간에 얼마든지 또 다른 시각적 경험을 만들어 낼 수 있을 것이다. 예를 들어, 내가 이 책을 보는 감각적 경험을 하는 중에라도 마음만 먹으면 친구 호동이를 보는 시각적 경험을 만들어 낼 수 있을 것이다. 하지만 우리는 그렇게 하지 못한다. 따라서 우리가 가진 감각은 실제로 우리 바깥에 그런 관념을 주는 물체가 있어서 그 물체가 우리에게 주는 것이라고 생각할 수밖에 없다. 즉, 지금 읽는 이 책에 대한 감각 관념은 내가 만들어 낸 것이 아니며, 이 책이 나의 외부에 존재하기 때문에 나에게 그러한 관념이 생긴 것이다.

하지만 데카르트는 〈첫 번째 성찰〉에서 이 모든 감각 경험을 의심한 바 있다. 신기루나 환상처럼 우리가 본다고 생각했지만 실제로 존재하지 않는 경우도 있고, 지금 우리가 겪는 것이 사실은 모두 꿈일 가능성도 있고, 또 나쁜 신이 존재한다면 사실은 지금 우리가 이 책을 보지 않는데도 이 책을 본다고 우리를 속일 수도 있기 때문이다. 그렇다면 이런 상황에서 데카르트는 어떻게 물체가 우리 바깥에 존재한다고 증명할 수 있을까?

내 안에 수동적인 감각 능력, 즉 감각적 사물의 관념을 받아들이고 인식하는 능력이 있다. 그러나 내 안에 혹은 다른 것 안에 이러한 관념을 만들어 내거나 그것을 불러일으키는 능동적인 능력이 존재하지 않는다면, 수동적인 능력을 사용할 수가 없다. 하지만 능동적인 능력은 지성적 행위를 전제하지 않으며, 또한 감각 관념은 나의 협력 없이도, 심지어는 때때로 나의 의지에 반해서도 만들어지기 때문에 이러한 능동적인 능력이 내 안에 있을 수는 없다.

그러므로 유일하게 남은 선택지는 나와는 구분되는 다른 실체 속에 있다는 것이다. 이 능동적 능력에 의해 산출된 관념 속에 표상적으로 존재하는 모든 실재성을 형상적으로(형상적으로 실재성을 가진다는 것은 관념의 내용 속에 있는 실재성을 실제로 가지고 있다는 의미) 혹은 우월적으로(우월적으로 실재성을 가진다는 말은 자기가 가지고 있지 않은 성질을 다른 것에 줄 수 있다는 의미) 내포하는 그런 실체 말이다. 이 실체는 관념 속에 표상적으로 존재하는 모든 것을 형상적으로 포함하는 물체, 즉 물체적 본성이거나,

아니면 관념 속에서 발견될 모든 것을 우월적으로 포함하는 신 혹은 물체보다 더 고귀한 어떤 (천사 같은) 창조물일 것이다.

하지만 신은 사기꾼이 아니기 때문에 신이 이런 감각 관념을 나에게 직접적으로 보내지 않았고, 또 관념의 표상적 실재성을 형상적으로가 아니라 우월적으로 포함하는 어떤 창조물을 통해 간접적으로 보내지도 않았다는 사실은 아주 분명하다. 왜냐하면 신은 그렇게 오는 관념을 인식할 수 있는 그 어떤 능력도 나에게 주지 않았기 때문이다. 오히려 신은 감각 관념이 물체적 사물로부터 만들어진다고 쉽게 믿는 경향성을 나에게 주었다. 따라서 만약 감각 관념이 물체적 사물이 아닌 다른 원천에서 전달되었다면, 나는 어떻게 신이 사기꾼이 아니라고 이해할 수 있는지를 알 수 없다. 그러므로 물체적 사물은 존재한다는 사실이 따라 나온다.

여기서 데카르트는 물체에 대해 내가 가진 관념이 유래할 수 있는 네 후보를 제시하고, 하나씩 검토해 나간다. 이러한 증명 방식은 앞의 〈세 번째 성찰〉에서 데카르트가 신의 존재를 증명할 때도 사용된 것인데, 흔히 이러한 증명 방식을 '제거법'이라고 부른다. 여러분이 객관식 시험 문제를 풀 때를 한번 생각해 보자. 사지선다형 문제라면, 답이 될 수 있는 보기는 총 네 개다. 어느 것이 정답인지 확실히 모를 때, 우리는 보통 제일 정답이 아닐 것 같은 보기부터 하나씩 '제거'해 나가서 최종적으로 남는 것을 정답으로 생각하게 된다. 데카르트가 여기에서 사용하는 제거법 역시 이와 같이 증명해 나가는 방법이다.

우리가 감각 관념을 가지고 있다는 사실은 분명하다. 그렇다면 이 감각 관념을 만들어 내는 것이 있어야 할 것이다. 감각 관념을 만들어 내는 것의 후보로 데카르트는 네 가지를 제시한다. 1. 나 자신 2. 신 3. 천사와 같이 인간보다 고귀한 존재 4. 물체.

우선 첫 번째 후보부터 살펴보자. 내가 가진 감각 관념을 만들어 낸 자가 바로 나 자신인 경우다. 이 후보는 아주 쉽게 탈락이다. 이미 앞에서 살펴본 바와 같이, 만약 지금 이 책을 본다는 시각적 경험을 내가 만들어 냈다면, 나는 다른 감각 관념들도 원할 때마다 쉽게 만들어 낼 수 있을 것이다. 텔레비전을 보는 시각적 경험을 하고 있다가도, 내가 원한다면 갑자기 책을 읽거나 아프리카에서 사자를 보는 등의 시각적 경험을 만들어 낼 수 있어야 하지만, 이런 것은 절대 불가능하다. 우리는 지금 이 책을 읽는 한, 원하든 원하지 않든 이 책을 읽는 시각적 경험을 가질 수밖에 없다. 따라서 감각 경험을 내 마음대로 만들어 낼 수 없기 때문에 나의 감각 경험은 나로부터 온 것이 아니다.

다음으로 두 번째 후보인 신을 생각해 보자. 〈세 번째 성찰〉에서 데카르트는 신의 존재를 증명한 후에 신은 우리를 속이는 사기꾼 신이 아니라 선한 신임을 증명했다. 그런데 만약 내가 가진 감각 경험을 신이 준 것이라면, 신은 사기꾼이 되어 버리고 만다. 예를 들어 보자. 나는 지금 이 책을 보고 있기 때문에 이 책이 실재한다는 것을 알게 된다. 하지만 사실은 책이 우리 외부에 실제로 존재하지 않는데, 신이 그러한 감각 경험을 우리에게 직접적으로 넣어 주어서 우리가 책이 실제로 존재하는 것처럼 느낀다고 가정해 보자. 이 경우에 신은 우리를 속이는 것이다. 앞의 〈첫 번째 성찰〉에서 우리를 속이는 사기꾼 신이 사실은 2+2=4가 아닌데, 우리가 2+2를 계산할 때마다 4라고 생각하게 만든다는 가정과 비슷한 것이다. 영화 〈매트릭스〉를 보면 실제로 스테이크를 먹고 있지 않는데도 마치 스테이크를 먹는 것과 같은 경험이 전기적 자극을 통해 인간에게 주입되는 장면이 나온다. 이처럼 실제로 존재하지 않는데도 마치 그런 존재가 있는 것 같은 감각 경험을 신이 우리에게 직접 넣어 준다면, 신은 사기꾼일 것이다. 하지만 데카르트는 이미 신이 사기꾼이 아님을 증명했다. 따라서 두 번째 후보도 탈락이다.

세 번째 후보는 인간보다는 고귀하지만 신보다는 불완전한 천사와 같은 존재가 우리에게 감각 경험을 넣어 주는 경우다. 하지만 이 세 번째 후보도 두 번째 후보와 마찬가지로 탈락이다. 데카르트는 두 번째 경우는 신이 직접적으로 우리에게 감각 경험을 넣어 주는 것으로, 세 번째 경우는 신이 천사와 같은 존재를 통해서 간접적으로 우리에게 감각 경험을 넣어 주는 것으로 생각한다. 신이 천사를 통해서 했더라도, 외부에 물체가 존재하지 않는데도 마치 물체가 있는 것처럼 우리가 감각하도록 만들었다면, 신은 간접적으로 사기꾼이 된다. 하지만 신은 사기꾼이 아니기 때문에 세 번째 후보도 탈락이다.

이제 남은 마지막 후보는 물체다. 우리가 가진 감각 경험을 만들어 내는 것이 우리 외부에 실제로 존재하는 물체라는 것이다. 우리가 감각 경험을 가지고 있고 신이 사기꾼이 아닌 이상, 우리가 가진 감각 경험은 외부의 물체에서 와야만 한다. 즉, 우리의 외부에 책이 실제로 존재하기 때문에 우리가 눈으로 책을 볼 수 있는 것이다. 따라서 외부에 물체는 존재해야만 한다.

〈첫 번째 성찰〉에서 의심스러웠던 물체의 존재는 이렇게 마지막 성찰인 〈여섯 번째 성찰〉에 와서야 확실한 것으로 증명된다. 이렇게 해서 데카르트는 나의 존재, 신의 존재, 그리고 이 세상에 있는 물체의 존재를 모두 확실한 것으로 증명한다. 즉, 처음에는 의심스럽게만 보였던 모든 것이 〈여섯 번째 성찰〉에 이르러서는 모두 확실한 것이 되었다. 이제 이 세상이 존재하는 것도 확실하고, 속이지 않는 선한 신은 우리에게 이런 세상을 파악할 수 있는 지성을 주었기 때문에 우리는 지성을 통해 확실한 지식을 가질 수 있게 되었다. 이것이 바로 《성찰》을 통해 데카르트가 추구하려고 했던 것이다. 여섯 번의 성찰을 거치면서 처음에는 의심스럽기만 하던 세상이 다시 확실한 것이 되

었고, 이 확실히 존재하는 물체의 세계에서 데카르트는 확실한 학문
의 건축물을 쌓아 올리기만 하면 된다.

2. 정신과 물체는
서로 완전히 다른 본성을 가진 존재다

앞의 〈다섯 번째 성찰〉에서 데카르트는 물체의 본성이 '공간을 차지함' 즉 연장이라는 사실을 증명했다. 그리고 〈여섯 번째 성찰〉에서는 물체가 우리 외부에 실제로 존재한다는 사실도 증명했다. 그렇다면 이렇게 공간을 차지하는 본성을 가진 물체는 생각을 하는 본성을 가진 정신과는 어떤 관계에 있을까? 이미 설명한 것처럼, 데카르트가 《성찰》을 쓴 중요한 이유 중 하나가 바로 영혼(정신)과 신체(물체)가 다름을 증명하는 것이었다. 이 구분이 중요했던 이유는 앞에서 말한 것처럼 만약 영혼(정신)과 신체(물체)가 다르지 않다면 신체의 죽음과 동시에 영혼(정신)도 사라지고 말 것이기 때문이다. 따라서 영혼과 신체가 본성적으로 다르고, 이 둘이 서로 공유하는 성질이 전혀 없어야만 신체가 사라져도 영혼은 존재해서 천국에 갈 수 있는 것이다.

뿐만 아니라 물체가 '공간을 차지함'이라는 수학적으로 표현될 수 있는 성질만 가지고 있고, 정신적인 성질은 하나도 가지고 있지 않다면 수학이 우리의 정신(혹은 이성)으로 파악할 수 있는 학문인 것처럼 우리가 물체의 성질들 중 파악하지 못할 성질은 아무것도 없게 된다. 그렇다면 데카르트는 정신과 물체가 다름을 어떻게 증명할까?

신은 내가 명확하고 분명하게 지각하는 모든 것을 내가 인식하는 것과 정확히 상응하도록 만들 수 있음을 나는 알고 있다. 따라서 내가 어떤 것을 다른 것과 구분해서 명확하고 분명하게 지각할 수 있다는 사실은 두 사물이 서로 구분됨을 내가 확신하도록 하기에 충분하다. 왜냐하면 적어도 신에 의해서 두 사물은 서로 분리될 수 있기 때문이다. 어떤 종류의 힘이 그러한 분리를 만들어 낼 수 있는가 하는 문제는 두 사물이 구분된다는 나의 판단에 영향을 미치지 않는다. 그러므로 단지 내가 존재한다는 것을 안다는 것, 동시에 나는 생각하는 것이라는 사실 외에 내 본성 혹은 본질에 속하는 것이 아무것도 없다는 사실로부터, 나의 본질은 오직 생각하는 것이라는 사실에만 있음을 바르게 추론할 수 있다. 내가 나와 밀접하게 결합되어 있는 신체를 갖고 있다는 것은 사실이다. 그럼에도 불구하고 한편으로 나는 오직 생각하는 것이고, 공간을 차지하지 않는 한에서 나 자신에 대한 명확하고 분명한 관념을 갖고 있다. 또 다른 한편으로는 나는, 오직 공간을 차지하는 것이고 생각하지 않는 것으로서의 신체에 대한 분명한 관념을 갖고 있다. 따라서 나는 내 신체와는 실제로 구분되고, 신체 없이도 존재할 수 있음이 확실하다.

〈세 번째 성찰〉에서 데카르트는 우리가 명확하고 분명하게 지각하는 것은 참이라고 주장했다. 그리고 그 주장을 뒷받침하기 위해서 데카르트는 신이 존재하고 선하다는 것을 증명했다. 신이 선하다면 우리가 명확하고 분명하게 지각하는 것에 대해서 우리를 속이지 않을 것이다. 여기서 데카르트는 진리의 일반 규칙, 즉 '우리가 명확하고 분명하게 지각하는 것은 모두 반드시 참'이라는 사실을 바탕으로 정신과 물체를 구분한다. 먼저, '생각하는 것'인 '나'는 공간을 차지하지 않음에 대한 명확하고 분명한 생각을 가지고 있다. 따라서 나는 생각하는 것이며, 공간을 차지하지 않는다는 것은 참이다. 왜냐하면 선한 신은 내가 명확하고 분명하게 지각하는 것은 참으로 만들 수 있기 때문이다.

또한 나는 물체가 공간을 '차지'하는 것이며 생각하는 것이 '아니'라는 것에 대한 명확하고 분명한 생각을 가지고 있다. 따라서 물체는 공간을 차지하고 있으며 생각하는 것이 아니라는 것은 참이다. 마찬가지로 선한 신은 내가 명확하고 분명하게 지각하는 것은 참으로 만들 수 있기 때문이다. 이처럼 정신과 물체는 서로 다른 본성을 가지는 것에 대해 나에게 명확하고 분명한 관념이 있기 때문에, 정신과 물체는 완전히 다른 본성을 가진 것이다.

정신과 물체가 다르다는 데카르트의 증명은 다음과 같이 정리할 수 있다.

1. 나는 정신이 '생각하는 것'이고 '공간을 차지하는 것이 아니'라는

명확하고 분명한 관념을 가지고 있다.

2. 나는 물체(신체)가 '공간을 차지'하는 것이고 '생각하는 것이 아니'
라는 명확하고 분명한 관념을 가지고 있다.

3. 따라서 정신과 물체(신체)는 본성이 완전히 다르며, 정신은 물체
(신체) 없이, 물체(신체)는 정신 없이 존재할 수 있다.

《성찰》, 의심으로 확실한 지식을 세우다

1. 데카르트의 삶과 시대적 배경

데카르트의 생애를 소개하기 전에 데카르트가 살던 시기에 대해서 간단히 설명할 필요가 있다. 왜냐하면 데카르트가 살았던 시기는 역사적으로 큰 변화의 시기였고 또한 데카르트 자신이 큰 변화를 만들어 낸 장본인이기 때문이다. 데카르트를 흔히들 '근대 철학의 아버지'라고 하는데, 그 말은 데카르트가 근대 철학의 기초를 놓았다는 의미지만, 역사적으로 볼 때 데카르트는 이미 근대에 살고 있었다고 할 수 있다. 왜 그럴까?

우선 데카르트가 활동한 시기는 르네상스와 종교 개혁이 마무리되는 시기였다. 르네상스를 흔히 '인문주의' 시대라고 부르는데, 중세 시대 사람들의 관심사가 '신'이나 '종교'였다면 르네상스를 거치면서 신보다는 '인간'과 '자연'에 대한 관심이 커졌기 때문이다. 즉 이성을 비롯한 인간의 능력에 대한 관심이 커졌으며, 자연은 더 이상 신비로운 대상이 아니라 관찰과 탐구의 대상이 되어 갔다.

그리고 데카르트가 활동한 시기는 흔히들 '과학 혁명의 시대'라고 불리는 시기가 막 시작되는 시점이었다. 이 시기에 지구가 우주의 중심이 아니라 태양이 우주의 중심이라는 지동설이 케플러와 갈릴레이를 통해서 알려지기 시작했다. 또 자연 현상은 신이 자연에 부여한 목적에 따라 발생한다는 중세의 신 중심의 사고방식에서 벗어나, 자연 현상은 기계적 법칙에 따라 발생한다는 과학적 사고가 생겨나기 시작했다.

데카르트는 이러한 시대적 맥락 속에서 살았으며, 또 이런 흐름을 더욱 강화시키는 이론적 근거를 철학에서 제시한 사상가였다. 인간에 대한 관심이 커지던 역사적인 근대에서 자란 데카르트가 제시한 근대 철학은 인간이 가진 이성의 능력을 강조한다. 데카르트에 따르면, 인간이면 누구나 신이 준 이성을 가지고 있으며 인간은 이성을 통해서 수학을 이해할 수 있듯이 수학적 양으로 표현할 수 있는 자연의 특성까지도 다 파악할 수 있다. 그리고 이렇게 이성으로 파악된 자연에 대한 지식은 신이 보증하기 때문에 의심할 수 없는 확실한 지식이라는 것이다. 이처럼 데카르트에서 시작된 근대 철학은 인간의

'이성'을 강조함으로써 르네상스를 거쳐 계몽주의로 이어지는 이성의 능력을 긍정하는 철학으로 자리 잡는다.

또한 데카르트는 지동설에 기초한 우주론을 주장하거나, 인간이나 동물의 신체에 대한 해부학에도 관심을 보였으며, 수학을 통해서 자연을 설명할 수 있다고 생각했다. 이런 생각들은 자연을 신이 창조한 신비의 세계가 아니라 과학적 탐구의 대상으로 보는 '과학 혁명'을 이끈 원동력 중의 하나가 되었다. 앞에서 이야기한 것처럼, 이성으로 파악한 자연에 대한 지식은 의심할 수 없는 확실한 지식이므로 이를 바탕으로 자연을 탐구하고 활용할 수 있는 길이 열린 것인데, 데카르트는 이런 과학적 사고를 이끈 선구적인 지성인의 한 명이었다.

(1) 꼬마 철학자

르네 데카르트(René Descartes)는 1596년 3월 31일 프랑스 투렌 지방과 푸아투 지방 사이에 있는 작은 마을 라에(La Haye)에서 태어났다. 데카르트가 태어난 이 도시는 1802년 이 위대한 철학자를 기념해 '라에 데카르트(La Haye-Descartes)'로 도시 이름을 바꾸었다가, 1967년에는 아예 도시 이름을 '데카르트'로 바꿨다. 데카르트는 평생 자신이 태어난 이곳을 사랑했는데, 생애의 마지막을 스웨덴에서 보내게 되자 그는 스웨덴으로 가기 전 지인에게 다음과 같은 편지를 보내기도 한다. "투렌의 정원에서 태어난 사람이 곰과 바위, 그리고 얼음의 땅에 살지 못하란 법이 있습니까?"(1649년 4월 23일에 보낸 편지) 데카르트가 태어난 투렌 지방은 지금도 아름다운 정원으로 유명하다.

데카르트의 아버지 조아캥 데카르트(Joachim Descartes)는 브르타뉴 법원의 법률가였으며, 어머니 잔 브로샤르(Jeanne Brochard)도 부유한 집안 출신이었다. 두 집안 모두 의사 집안이었는데, 데카르트가 평생 가졌던 사람과 동물의 신체에 대한 호기심도 이런 집안 내력 때문이었는지 모른다. 그의 집안은 신분이 아주 높은 귀족 집안은 아니었지만, 데카르트가 나중에 많은 유산을 상속받아 돈 걱정 없이 평생을 여행하면서 철학을 할 수 있을 정도로 여유 있는 가문이었다.

데카르트가 성인이 된 후의 삶은 다른 사람들과 주고받은 많은 편지들 덕분에 비교적 잘 알려져 있지만, 그의 어린 시절의 삶은 자료가 없어서 정확하게 알려져 있지 않다. 한 전기 작가에 의하면, 데카르트는 어릴 때부터 꼬마 철학자로 통했으며, 종종 주위 사람들을 깜짝 놀라게 하는 질문을 하곤 했다고 전해진다.

데카르트는 11살이 되던 1607년, 당시 유명한 예수회 기숙 학교였던 라 플레슈(La Flèche)에서 공부하기 시작한다. 건강이 좋지 못했던 데카르트는 이 학교에서 공부하는 동안 특권을 부여받았는데, 그것은 공부할 수 있는 몸 상태가 될 때까지 오전에는 침대에서 쉬어도 좋다는 것이었다. 다른 학생들은 새벽 5시에 하루 일과를 시작했지만, 데카르트는 항상 늦잠을 자고 오전 늦게까지 침대에서 자신만의 공부와 사색을 한다. 그 결과 데카르트는 이런 습관을 평생 간직하게된다. 이렇게 혼자 공부하는 습관은 수업 진도와 상관없이 스스로 개념을 터득하고 이해하고 사색하면서 자신만의 새로운 생각을 할 수있게 만든 바탕이기도 했다.

(2) 세상이라는 커다란 책

라 플레슈 학교를 졸업한 뒤 데카르트는 1615년 푸와티에 대학으로진학해 1년간 법학을 공부한다. 데카르트의 아버지는 데카르트가 법관이 되어 귀족 자격을 얻기를 바랐지만, 데카르트는 그럴 생각이 없었던 것으로 보인다. 1618년 22살이 된 데카르트는 유럽을 여행하기시작한다. 1637년에 출판한 《방법서설(Discours de la Méthode)》에서 데카르트는 이 시기 자신의 모습을 다음과 같이 서술한다. "나는 내 스승의 통제에서 벗어나기에 충분한 나이가 되자마자 공부를 완전히벗어던졌다. 내 자신 안에서 혹은 세상이라는 커다란 책 속에서 발견할 수 있는 지식 외에는 어떤 지식도 찾지 말자고 다짐했다. 그래서나머지 청년 시절을 여행하는 것에, 여러 궁전과 군대를 방문하는 것에, 다양한 기질과 신분의 사람들과 어울리는 데 사용하면서 여러 경험을 쌓고 운명이 나에게 부여한 여러 상황 속에서 나 자신을 시험하려고 했다."

이렇게 '세상이라는 커다란 책'을 여행하는 하나의 방법으로 데카르트는 군대에 지원한다. 지금의 네덜란드와 벨기에 지역은 데카르트가 살던 당시 스페인의 식민지였는데, 스페인의 지배에서 벗어나려는 프로테스탄트 진영과 스페인의 영향 아래 있던 가톨릭 진영이 서로 싸우던 때였다. 이 전쟁을 '네덜란드 독립 전쟁'이라고 부르는데, 거기에서 데카르트가 무슨 일을 했는지는 잘 알려져 있지 않다. 다만 데카르트가 군대에 지원한 시기는 양쪽 진영이 휴전을 할 때였기 때문에 데카르트가 직접 전투에 참여하지 않은 것은 확실하다. 그리고 데카르트는 신분상 군대에 징집된 것이 아니라 자원한 것이어서, 군대에서도 자유 시간이 많았다. 이 시기 데카르트는 네덜란드인 이삭 베크만(Issac Beeckman)을 만나 수학에 대한 관심을 다시 갖게 된다. 이때 이후로 데카르트는 수학을 가장 확실한 지식을 갖추게 하는 기초라고 생각하게 된다. 이 시기에 데카르트는《음악 약론(Musicae Compendium)》이라는 책을 출판해 베크만에게 헌정하는데, 그는 이 책에서 수학을 이용해 음악에서 사용되는 화음을 수적 비율로 설명한다. 이처럼 데카르트는 처음 쓴 책에서부터 수학을 이용해 다른 원리들을 설명하는 방식을 도입했는데, 이런 그의 태도는 이후 평생토록 이어진다.

1619년 데카르트는 구교인 가톨릭과 신교인 프로테스탄트 사이에 30년 전쟁의 전운이 감도는 독일에 주둔해 있던 구교 군대에 지원하기로 결심하고는, 독일 프랑크푸르트에서 열린 신성 로마 제국 황제 페르디난트 2세의 대관식에 참석한다. 그는 가톨릭이 국교인 프랑스 인이었고 그 자신도 가톨릭을 신봉했기 때문이다. 그리고 그해 겨울 데카르트가 속해 있던 군대는 겨울을 나기 위해 노이부르크안데어도나우라는 곳에 머무는데, 그는 이곳에서 인생의 전환점이 될 사건을 경험한다. 《방법서설》에서 데카르트는 이 시기를 이렇게 회상한다. "그때 나는 독일에 있었다. 아직 끝나지 않은 전쟁이 그곳으로 나를 불렀기 때문이다. 황제의 대관식 후 군대로 돌아가는 동안 겨울이 시작되어 나는 막사 안에 머물렀다. 거기에는 나의 주의를 어지럽히는 대화 상대도 없었고, 나를 곤란하게 만드는 걱정거리나 감정도 없었다. 그래서 나는 난로가 놓여진 방에 종일 혼자 있으면서 마음껏 사색을 즐겼다." 전해지는 바에 따르면 데카르트는 1619년 11월 10일이 난로 방에서 아주 생생한 세 번의 꿈을 꾼다. 데카르트는 이 세 번의 꿈이 자신의 운명을 계시하는 꿈이라고 생각했다. 그 운명이 바로 수학을 바탕으로 이 세상의 모든 학문을 통합하는 것이었다.

자신의 운명을 깨달은 후에 데카르트는 이 운명을 성취하기 위해서 "지금까지 틀어박혀 이 모든 생각을 떠올린 난로 방에 머물러 있기보다는 사람들과 이야기하는 것이 더 낫겠다는 생각이 들어 그해 겨울이 가기 전에 나는 다시 여행을 떠났다. 그 후 9년에 걸쳐서 세상에서 연출되는 연극 속에서 배우보다는 관객이 되려고 노력하면서 세상의 여기저기를 떠돌아다녔다."라고 《방법서설》에서 이야기한다.

(3) 도시 속의 사막 – 네덜란드 시기

1629년 데카르트는 갑자기 프랑스를 떠나 네덜란드로 간다. 《방법
서설》에서 데카르트는 그 이유를 이렇게 설명한다. "나를 아는 사람
들을 피해 이곳 네덜란드로 오기로 결심했다. 이 나라에는 오래 지속
된 전쟁 덕분에 질서가 확립되어 있었는데, 군대는 사람들이 평화의
열매를 보다 안정되게 즐길 수 있도록 봉사하는 듯이 보였다. 여기에
살면서 나는 다른 사람의 일에 궁금해하기보다는 자신의 일에 더 관
심을 기울이는 활동적인 훌륭한 사람들 속에서, 대도시에서 찾을 수
있는 편리함을 누리면서도 마치 아주 외진 사막에 있는 것처럼 외따
로 떨어져 은둔 생활을 할 수 있었다."

이 시기에 데카르트는 《정신 지도를 위한 규칙들》을 집필한다. 《방
법서설》에서 데카르트는 이 규칙을 잘 요약하고 있다. "첫째, 분명
하게 참으로 인식하지 않았다면 그 어떤 것도 참으로 받아들이지 말
것. 둘째, 검토한 어려움 각각을 더 잘 해결할 수 있도록 가능한 한
작은 부분으로 나눌 것. 셋째, 내 생각들을 순서에 따라 이끌어 나갈
것. 마지막으로, 아무것도 빠뜨리지 않았다는 확신이 들 정도로 완벽
하게 일일이 열거해 보고 포괄적인 검토를 할 것." 데카르트가 제시
한 규칙들에서 볼 수 있는 것처럼, 데카르트는 수학에서의 분명하고
확실한 원리들을 다른 모든 학문에도 적용시킬 수 있다고 생각했다.
예를 들어, 2+3=5는 우리가 쉽게 파악할 수 있는 간단하며 확실한 진

리다. 이렇게 간단한 수학적 기호와 법칙을 점점 확장시켜서 미적분과 같은 복잡한 수학이 이루어지듯이 데카르트는 굉장히 어려운 철학적 문제도 이런 규칙에 따라 풀 수가 있다고 생각했다.

1629년부터 데카르트는 《세계》라는 물리학과 형이상학에 관한 책을 쓰기 시작한다. 데카르트는 이 책에서 세계가 어떻게 창조되었고 어떻게 작동하는지를 과학적으로 묘사했는데, 이때 데카르트가 설명한 세계는 지동설을 바탕으로 한 세계였다. 물론 이미 1596년에 케플러가 지구가 태양의 주위를 돈다는 지동설을 지지하는 책을 출판하긴 했지만, 당시의 유럽은 여전히 지구가 우주의 중심이며 태양이 지구를 돈다는 천동설이 옳은 이론으로 인정받고 있었다. 즉 기독교적 세계관이 지배하던 당시에는 하느님이 인간을 위해서 지구를 창조하고 인간과 그 밖의 생물체를 위해서 태양을 만들었기 때문에 지구가 우주의 중심이라고 생각했다. 하지만 데카르트처럼 지동설을 지지했던 갈릴레오가 1633년 교황청으로부터 종교 재판을 받았다는 소식을 들은 데카르트는, 자신도 갈릴레오와 같은 처지가 되지 않을까 두려워서 거의 완성 단계에 있던 《세계》의 출판을 취소한다. 데카르트는 한 편지에서 이 당시 자기가 쓴 글을 모두 불태워 버릴까 생각했다고 말한 적이 있다. 이런 이유로 결국 이 책은 데카르트가 죽은 후인 1664년에야 정식으로 출간된다.

1637년 데카르트는 《방법서설》을 출판한다. 이 책의 원래 제목은

'이성을 잘 인도하고 학문에서 진리를 찾기 위한 방법서설'이다. 이 책에는 빛의 굴절을 설명하기 위해 사인 법칙을 다룬 〈굴절 광학〉, 무지개의 호의 각도를 계산하는 법을 다룬 〈기상학〉, 그리고 오랜 수학적 난제였던 파푸스의 문제의 해법을 제시한 〈기하학〉이 같이 들어가 있다. 원래 이 세 원고는 갈릴레오의 종교 재판 때문에 출판을 취소한 《세계》의 일부분이었으나, 《방법서설》을 출간하면서 데카르트가 약간 손질해서 추가한 것으로 보인다.

《방법서설》은 당시 지식인들의 학문적 언어였던 라틴어가 아닌 프랑스어로 쓰였는데, 데카르트가 대학에서 연구하는 학자들을 위해서가 아니라 글을 읽을 수 있는 일반인들을 대상으로 저술했기 때문이다. 데카르트는 글을 읽을 수 있는 여성들을 위해서 《방법서설》을 쓴 것이라고도 말했는데, 당시에는 남성 중심 사고가 일반적이었다는 점을 고려하면 매우 진보적인 사고라고 볼 수도 있다. 실제로 데카르트는 《방법서설》에서 모든 인간은 성별에 관계없이 동일한 지적 능력이 있다고도 말한다. 이처럼 전문적인 학자가 아닌 일반인들도 학문하는 '방법'을 제대로 알게 된다면, 그것을 활용해 지식을 쌓을 수 있다는 의도에서 저술된 《방법서설》은 당시로서는 매우 진보적인 데카르트의 사고를 보여 준다.

《방법서설》이 출판된 후 데카르트의 철학은 전 유럽에 널리 알려졌고, 여러 대학에서 정식 과목으로 채택되었다. 이런 데카르트의 명성은 보헤미아의 공주 엘리자베스에게까지 전해졌다. 엘리자베스 공주는 《방법서설》의 라틴어 번역을 읽은 후 데카르트의 열렬한 팬이 되어 그를 만났다. 1642년 마흔여섯 살이던 데카르트는 스물네 살의 엘리자베스 공주와 그 이후 평생 철학적 동반자가 된다. 데카르트는 엘리자베스 공주야말로 자기 철학을 가장 잘 이해하는 사람이라고 칭찬하기도 했다. 그리고 데카르트는 엘리자베스 공주와의 철학적 대화를 계기로 1649년에는 자신의 마지막 저서인 《정념론》을 쓰기도 한다.

그보다 앞선 1641년 데카르트는 《성찰》을 출간한다. 《방법서설》이 출판된 후 친구들은 데카르트가 말하는 물리학에 대한 형이상학적 토대가 무엇인지 궁금해했다. 이에 대한 응답으로 데카르트는 《성찰》을 출판한 것이다. 데카르트는 《성찰》을 정식으로 출판하기 전에 메르센(M. Mersenne) 신부에게 원고를 보내어, 다른 학자들이 먼저 읽어 보게 한 뒤 그들의 비판을 듣고 그에 대해 자신의 답변을 쓴다. 그래서 《성찰》의 초판에는 《성찰》의 본문과 함께 여섯 개의 반박과 그에 대한 데카르트의 답변이 같이 들어 있다. 그리고 두 번째 판이 출판될 때는 하나의 반박이 더 추가된다.

이렇게 출간된 《성찰》의 원래 제목은 '제일 철학에 관한 성찰 – 여기서 신의 존재와 인간 영혼과 신체의 다름이 증명됨'이다. 여기서 '제일 철학'이라는 말은 형이상학을 의미한다. 형이상학은 존재하는 모든 것의 기본 원리를 탐구하는 학문을 말한다. 한마디로 말하자면 《성찰》을 통해 데카르트는 신, 자아, 자연 세계 등등이 갖고 있는 하나의 근본 원리를 찾으려고 했다. 이 얼마나 원대한 야망인가. 실제로 《성찰》에서 데카르트는 이 세상에 존재하는 모든 것들을 의심하고 완전히 허물어 버린 뒤에 나의 존재를 증명하고, 신의 존재를 증명하고, 자연 세계의 존재를 증명함으로써 그 허물어진 세계를 새롭게 구축한다. 그리고 정신과 물체는 완전히 다른 본성을 가지고 있으며 서로 구분됨을 증명한다. 데카르트는 1640년 메르센 신부에게 보낸 편지에서 《성찰》이야말로 자기 철학의 모든 원리를 담고 있다고 말하기도 했다.

(4) '나의 친애하는 적' 보에티우스와 겨울 여왕 크리스티나

1644년 데카르트는 《방법서설》과 《성찰》에 나타난 자신의 철학을 확장하고 정리해서 《철학의 원리》를 출판한다. 데카르트는 이 책이 자신의 철학을 가르치는 대학에서 교과서로 쓰이기를 원했다. 하지만 데카르트는 이 시기에 아주 고통스러운 사상 논쟁에 휘말리게 된다. 위트레흐트 대학 교수였던 보에티우스(G. Voetius)가 데카르트를 무신론자라고 비난하고 나선 것이다. 보에티우스는 스콜라 철학과 아리스토텔레스의 우주관을 믿고 있었는데, 데카르트의 철학은 이런 철학과 완전히 반대되는 철학이었다. 즉 감각을 중요하게 여기는

스콜라 철학과 지구가 우주의 중심이라는 아리스토텔레스의 우주관과 달리 데카르트는 감각보다는 감각에 의존하지 않는 순수한 지성을 통해 획득하는 지식을 중요하게 보았고, 태양이 우주의 중심이라는 우주관을 가지고 있었다. 하지만 보에티우스가 위트레흐트 대학의 학장이 되는 바람에 결국 힘이 없던 데카르트는 마음에도 없는 사과를 하게 되면서 논쟁은 마무리된다.

데카르트는 이 일을 겪으면서 몸과 마음이 지쳐 있었다. 이때 데카르트에게 한 통의 편지가 도착한다. 스웨덴 여왕 크리스티나가 데카르트를 스웨덴으로 초청하는 편지였다. 크리스티나 여왕은 《철학의 원리》를 읽고 데카르트 철학에 반하게 된다. 그녀는 미술, 음악, 문학, 과학에 관심이 많아서 각 분야의 유능한 인재들을 궁정으로 초청했다. 데카르트는 네덜란드의 신학자나 철학자들과의 논쟁으로 심신이 피곤했지만, 그래도 춥고 낯선 땅 스웨덴으로 가는 것이 썩 달갑지는 않았다. 데카르트가 "곰과 바위, 그리고 얼음의 땅"이라고 표현할 정도로 스웨덴은 낯설고 추운 땅이었다. 하지만 스웨덴에 있던 프랑스 대사의 끈질긴 권유에 결국 데카르트는 이 제안을 받아들인다. 1649년 크리스티나 여왕은 스웨덴 함대의 제독을 네덜란드로 보내어 친히 데카르트를 모셔 오게 하는 파격적인 대우를 한다. 하지만 이렇게 네덜란드를 떠난 데카르트는 다시는 그가 평생 살았던 프랑스와 네덜란드로 돌아오지 못하게 된다. 여왕은 새벽 5시에 철학 수업을 받기를 원했다. 하지만 평생 늦잠 자는 습관을 갖고 있던 데카르트에게 이것은 너무 힘든 일이었다. 결국 데카르트는 스웨덴의 혹독하게 추운 아침 공기를 견디지 못하고 1650년 2월 폐렴으로 숨을 거둔다. 이때 그의 나이 54세였다.

2. 데카르트의 주요 사상

(1) 스콜라 철학의 거부

흔히들 데카르트를 '근대 철학의 아버지'라고 부른다. 이 말은 데카르트가 근대 철학의 기초를 놓았다는 의미일 터인데, 이 말은 데카르트에서 시작된 근대 철학이 그 이전 시대의 철학과 많이 달랐다는 뜻일 것이다. 그렇다면 데카르트의 철학은 어떤 의미에서 새로운 철학이라고 할 수 있을까? 앞에서 이야기한 것처럼, 데카르트는 네덜란드 위트레흐트 대학의 보에티우스 교수와 사상 논쟁에 휘말리게 된다. 이 사상 논쟁을 살펴보면 데카르트 철학의 '새로움'이 잘 드러난다. 데카르트는 디네 신부에게 보낸 편지에서 이 논쟁으로 자신이 비난받는 이유를 다음과 같이 설명한다.

"보에티우스는 세 가지 이유로 나(데카르트)의 새로운 철학을 비난한다. 첫째, 내 철학은 지금까지 세상의 대학에서 가르치던 전통 철학과 반대되고 또 그 기초를 흔든다. 둘째, 내 철학은 이 건전하고 전통적인 철학에서 젊은이들을 돌아서게 해서 가장 높은 학식에 도달하는 것을 방해한다. 왜냐하면 일단 젊은이들이 나의 새로운 철학과 그것의 해법에 의존하기 시작하면, 젊은이들은 학교에서 가르치는 전통적인 저자의 책, 또는 자신들의 선생님의 강의나 논쟁에서 사용되는 전문 용어를 이해할 수 없게 된다. 그리고 마지막으로, 여러 가지 그릇되고 부조리한 의견이 나의 새로운 철학에서 나오거나, 아니면 젊은이들이 부조리한 의견을 나의 새로운 철학에서 이끌어 낼 수 있다. 이러한 의견들은 무엇보다도 정통 철학과 맞지 않는다."

여기에서 볼 수 있듯이 데카르트는 자신의 철학을 '새로운 철학'이라고 부르면서 이 새로운 철학이 '전통 철학', 혹은 '정통 철학'과 반대되기 때문에 자신이 비난받는다고 주장한다. 우선 데카르트의 새로운 철학이 무엇인지 이해하기 위해서 당시 학교에서 가르치던 전통철학, 정통 철학은 어떤 철학을 의미하는지 살펴보자. 여기서 정통철학이라고 부르는 철학은 흔히들 '스콜라 철학'이라고 불리는 중세철학을 의미한다.

그렇다면 스콜라 철학이란 무엇일까? 중세의 유럽은 그리스도교, 즉 가톨릭이 지배하는 사회였다. 따라서 모든 학문은 성경의 가르침, 그리스도에 대한 신앙을 뒷받침하기 위해서 존재했다. 스콜라 철학역시 기독교 신앙이나 기독교 교리를 이성적으로 설명하는 것을 최

우선의 과제로 삼는다. 이때 이용되던 철학이 바로 아리스토텔레스 철학이었다.

아리스토텔레스는 고대 그리스 철학자다. 소크라테스의 제자가 플라톤이고, 플라톤의 제자가 바로 아리스토텔레스다. 아리스토텔레스는 대제국을 건설한 알렉산더 대왕을 가르치기도 했다. 아리스토텔레스는 방대한 저작을 남겼지만 고대 그리스가 몰락하면서 아리스토텔레스의 저작도 역사에서 사라지고 말았다. 왜냐하면 로마 시대가 시작되고 오랫동안 유럽에서 학문의 언어는 라틴어였기 때문에 아리스토텔레스 저작에 쓰인 그리스어를 읽을 수 있는 사람이 거의 없었기 때문이다. 그러다가 12세기가 되어서야 유럽에는 다시 그리스 철학이 본격적으로 도입되는데, 그 계기는 이슬람 세력의 확장과 십자군 전쟁 등을 통해서였다. 왜냐하면 그리스 철학은 아랍 인들에 의해 보존되고 연구되었기 때문이다.

그 결과 13세기부터 아리스토텔레스 철학은 대학이나 교회에서 세운 학교 등에서 광범위하게 가르쳐지게 되었다. 왜냐하면 기독교 신앙을 논리적으로 설명하려고 했던 중세의 신학자들과 철학자들은 아리스토텔레스 철학을 통해서 '신앙'과 '이성'을 화해시키려고 했기 때문이다. 특히 토마스 아퀴나스와 같은 위대한 철학자이자 신학자가 아리스토텔레스 철학으로 기독교 신앙을 설명하는 철학을 확립하면서 중세 시대에 '철학자'라는 말은 오직 아리스토텔레스만을 의미할 정도로 아리스토텔레스 철학의 영향력은 절대적이었다.

　이렇게 기독교 신앙을 옹호하는 아리스토텔레스 철학은 13세기 당시 생겨나기 시작한 유럽의 여러 대학에서 가르쳐졌으며, 스콜라 철학 즉 '학교에서 가르치는 철학'이라는 명칭을 얻게 된다. 데카르트 역시 어렸을 적 예수회가 설립한 라 플레슈 학교에서 이러한 아리스토텔레스 철학을 배웠다. 데카르트는 아리스토텔레스 철학에 매우 비판적이었는데,《방법서설》에서 데카르트는 아리스토텔레스 철학에 대해서 다음과 같이 말하기도 했다. "오늘날 아리스토텔레스를 열정적으로 추종하는 사람들은 아리스토텔레스보다 자연에 대해서 더 많이 알 수 없다고 전제하고서, 그가 아는 정도만 알아도 운이 좋다고 간주할 것이 확실하다. 그들은 담쟁이덩굴처럼 자기가 감고 있는 나무보다 더 높이 올라가려 하지는 않고, 심지어 나무 꼭대기에 도달하면 오히려 다시 내려오기도 한다." 이처럼 데카르트 당시 사람들에게 아리스토텔레스 철학은 넘어서도 심지어 비판해서도 안 되는 철학으로 군림하고 있었다. 데카르트가 '근대 철학'을 창시한 '아버지'라는 말은, 그가 중세를 지배한 철학인 아리스토텔레스 철학을 정면으로 비판하고 그것을 뒤집는 데 가장 앞섰고 가장 많은 역할을 한 철학자라는 의미일 것이다.

(2) 자연은 수학으로 쓰인 책이다

이제 데카르트 당시에 정통 철학이던 스콜라 철학, 즉 기독교와 결합된 아리스토텔레스 철학에 반기를 들었던 데카르트의 새로운 철학에 대해서 살펴보자. 데카르트 철학의 '새로움'을 더 잘 이해하기 위해서는 아리스토텔레스 철학의 특징을 구체적으로 살펴보는 것이 도움이 될 것이다.

아리스토텔레스는 세상의 물체를 본성에 따라 설명하려고 한다. 예를 들어, '돌을 던지면 왜 다시 땅으로 떨어질까?'라는 질문에 대해서 아리스토텔레스 철학의 대답은 '땅으로 떨어지는 것이 돌의 본성이기 때문에'이다. 마찬가지로 '불은 왜 종이를 태우는가?'라는 질문에는 '종이를 태우는 것이 불의 본성이기 때문에'라고 대답할 것이다. 불이 위로 타오르는 것도 불의 고유한 본성이다. 이러한 설명을 철학에서는 목적론적 설명이라고 한다. 즉 신이 목적에 맞게 물체의 성질을 부여했다는 것이다. 하지만 이런 식의 설명은 아무런 새로운 정보도 주지 않는다. 돌이 땅에 떨어지는 것은 돌의 본성이고, 물이 아래로 흐르는 것은 물의 본성이라는 설명은 같은 말을 반복하는 것에 불과하다. 친구가 '너는 어떻게 축구를 잘하니?'라고 물어봤는데, 그야 '나는 축구를 잘하는 본성을 가졌으니까.'라고 대답하는 경우와 같다. 이런 스콜라 철학의 설명에 대해서 데카르트와 비슷한 시기에 살았던 몰리에르라는 프랑스 극작가는 한 희극에서, '수면제가 왜 잠이 오게 만드는가? 수면제는 잠이 오게 만드는 성질을 가지고 있어서.'라는 대사를 통해 스콜라 철학을 풍자하기도 했다.

데카르트의 새로운 철학은 이런 설명을 비판한다. 물체의 질적 성질을 강조하는 정통 철학에 반대해서 데카르트는 물체를 설명할 때 질적인 성질을 이용하지 않는다. 예를 들어, 똑같은 온도의 물이라도 먼저 찬물에 손을 넣었다가 그다음 따뜻한 물에 손을 넣으면 더 따뜻하게 느껴진다. 이처럼 사물의 질적인 성질은 여러 가지 상황에 따라 달라질 수 있기 때문에 물체가 가진 고유한 성질이라고 할 수 없다. 데카르트는 오직 수학적인 양으로 표현할 수 있는 것, 즉 길이, 넓이, 깊이 등 공간을 차지하는 양적인 성질만이 물체를 잘 설명해 준다고 생각했다. 이러한 수학적 양은 누가 측정하든, 어느 환경에 놓여 있든 변하지 않는다.

데카르트는 《성찰》에서도 물체의 본질은 '연장' 즉 '공간을 차지함'이라고 주장했다. '공간을 차지한다'는 것은 물체가 3차원적인 성질 즉 길이, 넓이, 부피를 가지고 있다는 말이다. 이러한 물체의 본질은 '생각'이라는 정신의 본질과 대비된다. 데카르트 역시 갈릴레오가 주장했던 것처럼, '자연은 수학의 언어로 쓰인 책'이라고 생각했다. 이러한 생각은 데카르트가 활동하던 당시의 시대적 상황을 반영한다. 즉 자연에 존재하는 물체가 지닌, 수학적인 양적 성질에 대한 강조를 통해서 데카르트는 과학과 수학의 언어로 자연을 탐구할 수 있다고 생각한 것이다. 뿐만 아니라 데카르트는 철학 역시 수학적인 방법을 바탕으로 확실한 학문의 근본 원리가 될 수 있다고 생각했다. 그래서 그는 자연 과학의 바탕이 되는 철학 역시 수학처럼 확실한 것으로 만들려는 포부가 있었다. 뿌리(철학)가 흔들리지 않아야 나무 전체(과학)가 흔들리지 않는 것처럼 말이다.

그렇다면 데카르트는 왜 이렇게 수학을 강조했을까? 데카르트는 물체는 정신과는 다른 본질을 가졌는데, 물체는 수학적으로 표현될 수 있는 성질이 있다고 주장함으로써, 물체로 이루어진 자연 역시 수학적으로 이해될 수 있다고 생각했다. 즉 인간의 정신이 수학을 확실히 이해할 수 있는 것처럼 자연 역시 이제 인간 정신의 능력으로 파악할 수 있는 대상이라는 말이다. 또한 이렇게 인간 정신의 능력으로 파악하게 된 자연에 대학 지식은 수학이 그런 것처럼 의심할 수 없는 확실한 지식이 된다. 따라서 자연에 대한 지식은 이제 인간 정신으로 이해하고 또 활용할 수 있는 지식이 되었다. 근대가 과학적이고 수학적인 방법으로 자연을 이용하여 근대 문명을 발전시켰다는 점을 생각해 보면, 데카르트는 그러한 과학적이고 수학적 사고의 기초를 놓은 사람이라고 할 수 있다. 그렇기 때문에 데카르트를 근대 철학의 아버지라 부르는 것이다. 이것이 바로 스콜라 철학에 대비되는 데카르트 철학의 새로움 중의 하나다.

(3) 지성의 강조

앞에서 살펴본 것처럼, 스콜라 철학은 감각을 강조한다. 아리스토
텔레스는 우리의 영혼에는 식물적인 부분, 감각적인 부분, 지성적인
부분이 있다고 주장한다. 아리스토텔레스가 인간은 이성적 동물이라
고 정의한 것에서도 알 수 있듯이, 아리스토텔레스에게 인간의 생각
하는 능력은 인간을 인간답게 만드는 중요한 능력이다. 하지만 아리
스토텔레스에게 지성적인 부분은 영혼의 한 부분에 불과하다. 인간
의 지성적인 능력은 음식물을 먹고 움직이고 감각을 하는 다른 부분
과 긴밀히 연관되어 있다. 즉 아리스토텔레스에게 인간의 이성적 능
력은 감각을 통해서만 작동할 수 있다. 따라서 아리스토텔레스 철학
에서 인간의 감각이란 필수적인 것이다.

하지만 데카르트는 이러한 아리스토텔레스의 생각에 반대한다. 데
카르트는 〈첫 번째 성찰〉에서 우리가 감각을 통해서 얻은 믿음이나
지식과 관련해서 얼마나 많은 오류를 범하는지를 강조하면서, 감각
적인 지식에 대해서 의심하기 시작한다. 데카르트는 감각적인 지식
으로부터 벗어나서, 우리를 속이기 쉬운 감각에 영향을 받지 않는 순
수 지성에 주목한다. 데카르트는 이러한 지성을 통해서만 의심할 수
없는 학문의 체계를 만들 수 있을 것이라 생각했다. 그래서 데카르트
는 아리스토텔레스 철학과 달리 정신에서 육체를 분리한다. 더 나아
가 〈여섯 번째 성찰〉에서 데카르트는 정신과 육체는 본성상 완전히

다른 것이라고 규정한다. '정신은 오직 사유(생각)하는 것이고 물체는 오직 공간을 차지하는 것이다.' 데카르트가 이렇게 정신과 육체를 분리한 이유는, 정신과 육체는 본성상 완전히 달라서 우리가 죽으면 육체는 사라지지만 정신은 사라지지 않을 수 있기 때문이다.

지금까지 살펴본 것처럼 데카르트의 새로운 철학은 스콜라 철학이라는 정통 철학과 결별을 선언하는 최초의 선언문과 같은 역할을 한다. 데카르트가 근대 철학의 아버지로 불리는 이유도 바로 이와 같은 그의 새로운 시도 때문이라고 할 수 있다. 데카르트는 자신의 후원자 메르센 신부에게 보낸 편지에서 다음과 같이 말한다. "우리 사이니까 말씀드리는 것이지만, 이 여섯 개의 성찰은 나의 물리학에 대한 모든 토대를 포함하고 있습니다. 하지만 그렇다고 이러한 사실을 다른 사람에게 말씀하지 마시기를 부탁드립니다. 왜냐하면 아리스토텔레스 철학을 옹호하는 사람들이 내 《성찰》을 인정하는 데 어려움을 겪을 것입니다. 그리고 내가 희망하는 것은 내 《성찰》을 읽는 사람들이 자기도 모르게 내 원리들에 익숙해져서, 내 원리들이 아리스토텔레스 철학을 파괴하는 것을 눈치채기도 전에 내 철학의 진리를 깨닫는 것입니다."

3. 《성찰》의 핵심 내용

《성찰(Meditations)》은 6일 동안 '명상(meditation)'을 하는 것과 같은 형식으로 구성되어 있는데, 이는 당시 기독교 신앙을 가진 사람들이 보던 기도서 형식을 따른 것이다. 데카르트는 왜 과학과 철학에 관한 책인 《성찰》을 종교에 관한 기도서 형식으로 썼을까? 우리가 명상(meditation)을 함으로써 나쁜 생각 혹은 잘못된 생각을 떨쳐 버리는 것처럼, 데카르트는 이 '성찰(meditation)'을 통해서 감각을 통해서 얻은 지식을 버리고 이성의 철학을 획득하라고 독자들에게 권하려고 했기 때문이다.

그러면 《성찰》의 핵심 내용을 간략히 다시 한 번 살펴보기로 하자.

(1) 의심하는 나는 존재한다

데카르트는 〈첫 번째 성찰〉에서, 조금도 의심할 수 없는 확실한 지식을 얻기 위해서 조금이라도 확실하지 않은 것은 모두 의심을 해 보아야 한다고 말한다. 데카르트는 우선 감각을 통해서 얻은 지식에 대해서 의심하기 시작하고, 그다음 나의 외부에 세계가 존재한다는 생생한 경험까지도 의심한다. 왜냐하면 사실 우리가 생생하게 경험하고 있다고 생각하는 이 세계는 한갓 꿈일 수도 있기 때문이다. 더 나아가 데카르트는 꿈에서도 의심할 수 없는 수학적 지식도 의심하기 시작하는데, 왜냐하면 나쁜 신이 있어서 우리가 수학 문제를 풀 때마다 사실은 2+2=4가 아닌데 우리가 그렇게 믿도록 만들 수 있는 가능성이 있기 때문이다.

하지만 데카르트는 〈두 번째 성찰〉에서 이 의심의 바다에서 절대로 의심할 수 없는 하나의 사실을 발견한다. 그것은 '나는 의심(생각)한다, 그러므로 나는 존재한다.'라는 사실이다. 내가 어떤 것에 대해서 의심하는 한 의심하는 나 자신이 존재한다는 것은 분명하다. 왜냐하면 의심하기 위해서는 누군가 의심하는 사람이 반드시 있어야만 하기 때문이다. 또한 나쁜 신이 있어서 누군가를 속이기 위해서도 역시 속는 누군가가 반드시 있어야만 한다. 그 의심하는 사람, 속는 사람이 바로 '나'다. 이렇게 데카르트는 앞의 두 성찰에서 생각하는 나의 존재를 증명한다.

(2) 선한 신은 존재한다

데카르트는 세상에 존재하는 모든 것을 의심할 수 있어도 의심하는 나가 있다는 사실만은 의심할 수 없다는 것을 보여 줌으로써 '나'의 존재를 증명했다. 하지만 데카르트에게는 아직도 해소되지 않은 어려움이 하나 있다. 바로 사기꾼 같은 나쁜 신의 존재다. 전능한 신이 존재하고 그 신이 우리를 계속 속이고 있다면, 내가 존재한다는 사실은 의심할 수 없지만 그것을 제외한 다른 모든 것들은 여전히 의심스러울 수밖에 없다. 왜냐하면 나쁜 신이 속이기 위해서 속는 '나'가 존재해야 하긴 하지만 그 밖의 모든 것은 나쁜 신이 나를 속일 수 있기 때문이다. 그런 상황에서는 여전히 나는 아무것도 확신하지 못하는 의심스러운 상태에 있을 수밖에 없다.

그래서 데카르트는 신이 존재하는지, 존재한다면 그 신은 선한 신인지 사기꾼 같은 나쁜 신인지를 검토한다. 먼저 데카르트는 신이 존재한다는 것을 증명한 후에 존재하는 그 신은 완벽하기 때문에 속이지 않는다는 것을 증명한다.

데카르트는 《성찰》에서 신의 존재를 세 번 증명하는데, 그중의 하나를 살펴보자. 데카르트는 우리 정신 속에는 '신의 관념'이 마치 트레이드마크처럼 들어 있다고 주장한다. 즉 화가가 자기가 그린 그림에 서명을 하듯이 신은 자신이 만든 인간의 정신 속에 신에 대한 관념을 서명해 놓았다는 것이다. 우리는 태어날 때부터 신의 관념을 가지고 있는데, 그것은 완전한 신을 의미한다. 하지만 데카르트는 우리 인간은 불완전한 존재이기 때문에 이러한 완전한 관념을 스스로 만들 수는 없다고 말한다. 그 관념은 신이 우리의 머릿속에 '트레이드마크'처럼 직접 넣어 준 것이어야 한다. 그러므로 이렇게 자신의 관념을 직접 넣어 주는 신은 존재해야만 한다.

또한 우리가 가진 신의 관념이 신의 완전성을 표현하고 있다면 신은 반드시 존재해야만 한다. 왜냐하면 존재하지 않는 것은 완전하지 않기 때문이다. 이렇게 데카르트는 〈세 번째 성찰〉과 〈다섯 번째 성찰〉에서 신이 존재한다는 것을 거듭 증명한다.

신이 존재한다는 것을 증명한 뒤, 데카르트는 존재하는 신은 사기꾼처럼 속이는 신이 아님을 증명한다. 앞에서 말한 것처럼, 우리에게 있는 신의 관념은 신이 완전한 존재라는 것이다. 그런데 사기꾼, 즉 누군가를 속이는 존재를 완전하다고 말할 수는 없을 것이다. 아무리 능력이 뛰어난 사람이라도 그 사람이 나쁜 사람이면 우리는 훌륭하다고 말하지 않는다. 따라서 신이 완전한 존재라면 신은 사기꾼일 수 없다. 그러니 신은 우리를 속일 리가 없다는 것이다.

(3) 세계는 존재한다

나의 존재와 신의 존재를 증명한 데카르트는 마지막 성찰인 〈여섯 번째 성찰〉에서 물체의 존재를 증명한다. 데카르트의 증명 방식은 다음과 같다. 우리는 세상에 존재한다고 여겨지는 물체에 대한 관념을 가지고 있다. 그런데 데카르트가 생각하기에 이 관념을 우리에게 줄 수 있는 존재는 네 가지밖에 없다. 즉 원래 세상에는 물체가 존재하지 않는데 우리가 물체에 대한 관념을 만들어 냈거나, 아니면 신이나 신보다는 덜 완전하지만 인간보다는 완전한, 예를 들면 천사와 같은 존재가 우리에게 주었거나, 아니면 마지막으로 물체의 대한 관념은 실제로 존재하는 물체에게서 왔을 가능성이 있다.

우선 첫 번째 가능성부터 살펴보면, 우리는 우리 마음대로 감각 관념을 만들어 낼 수 없기 때문에 이 가능성은 존재하지 않는다. 왜냐하면 우리는 우리에게 주어진 감각 경험을 우리가 원하든 원하지 않든 수동적으로 받아들이는 것이지 원한다고 감각 경험을 마음대로 만들어 내지는 못하기 때문이다. 내가 이 책을 읽고 있다가 갑자기 〈무한도전〉이나 〈개그 콘서트〉 같은 텔레비전 프로그램을 보는 시각 경험을 내 마음대로 만들어 낼 수는 없지 않는가.

다음으로 원래는 세상에 물체가 존재하지 않는데, 신이 우리에게 물체의 관념을 준 경우를 살펴보자. 그런데 물체가 존재하지도 않는데 세상에 물체가 존재하는 것처럼 신이 우리에게 물체의 관념을 주었다면, 신은 사기꾼이 돼 버리고 만다. 데카르트는 이미 신이 사기꾼이 아니라고 〈세 번째 성찰〉에서 증명했다. 따라서 우리가 가진 물체에 대한 관념은 신이 준 것일 수 없다.

이것은 천사와 같은 존재가 물체의 관념을 우리에게 준 경우에도 마찬가지로 적용된다. 신이 직접적으로가 아니라 간접적으로 천사를 통해서 우리에게 감각 경험을 주었더라도 외부에 물체가 존재하지 않는데도 마치 물체가 있는 것처럼 우리가 감각하도록 만들었다면, 신은 간접적으로 사기꾼이 되는 것이다.

따라서 우리가 가진 물체에 대한 관념은 우리 외부에 실제로 존재하는 물체로부터 온 것이 틀림없고, 그 물체는 반드시 존재한다는 것이 데카르트의 증명 논리다.

(4) 정신의 본질은 '생각'이고 물체의 본질은 '공간을 차지함'이다

데카르트는 〈두 번째 성찰〉에서 정신의 본질이 '생각'이라고 주장한다. 왜냐하면 모든 것을 의심할 수 있어도 내가 의심한다는 사실은 의심할 수 없고, 이 의심 때문에 내가 존재할 수 있기 때문이다. 따라서 정신으로서 존재하는 나의 본질은 '생각한다'는 것이다. 그리고 데카르트는 〈다섯 번째 성찰〉에서 물체의 본질이 공간을 차지하는 성질(=연장성)이라고 주장한다. 즉 물체가 가진 가장 중요하고 근본적인 특징은 길이, 넓이, 부피와 같이 3차원적 공간을 차지한다는 점이다. 데카르트가 생각하기에 공간을 차지하지 않는 물체는 있을 수 없기 때문에 이러한 성질을 물체의 가장 근본적인 성질이라고 말하는 것이다.

(5) 정신과 물체는 완전히 다르다

《성찰》의 원래 제목은 '제일 철학에 관한 성찰 – 여기서 신의 존재 및 인간의 영혼과 신체의 다름이 증명됨'이다. 이 제목에서 알 수 있듯이 데카르트가 《성찰》을 쓴 가장 큰 목적 중의 하나는 정신(영혼)과 물체(신체)가 완전히 다른 본성을 가지고 있다는 사실을 증명하는 것이었다. 그렇다면 왜 데카르트에게 정신과 신체가 완전히 다르다는

것을 증명하는 것이 중요했을까? 첫째는 종교적인 이유가 있다. 정신과 물체가 완전히 다르면 우리가 죽었을 때 물체인 신체는 썩어 없어지겠지만 정신은 물체와 완전히 다르기 때문에 죽지 않고 천국에 갈 가능성이 있는 것이다. 두 번째는 과학적인 이유가 있다. 물체가 '공간을 차지함'이라는 수학적으로 표현될 수 있는 성질만 가지고 있고 정신적인 성질은 하나도 가지고 있지 않다면, 우리가 물체의 성질들 중 파악하지 못할 성질은 아무것도 없게 되기 때문이다.

(6) 신과 오류의 문제

〈세 번째 성찰〉과 〈다섯 번째 성찰〉에서 데카르트는 신이 존재하고, 존재하는 신은 선하다고 증명한다. 그런데 신이 정말 완벽하고 선하다면 그러한 신이 창조한 우리 인간은 도대체 왜 잘못을 저지르는 것일까? 데카르트는 〈네 번째 성찰〉에서 이 질문을 탐구한다. 여기서 데카르트는 세상에 존재하는 악에 대한 책임은 신에게 있지 않고 우리 인간에게 있다는 것을 증명한다. 신은 인간에게 자유 의지를 주었는데 인간들이 그것을 과도하게 사용하여서 잘못을 저지른다는 것이다. 즉 지성을 통해서 파악한 확실한 것만 인정하고, 확실하지 않은 것에 대해서는 부정을 하거나 적어도 판단을 하지 말아야 하는데, 우리는 우리가 가진 자유 의지를 통해서 너무 쉽게 잘못된 것을 옳다고, 또 옳은 것을 잘못되었다고 판단한다. 데카르트는 우리가 저지르는 오류는, 우리가 신에게서 받은 자유 의지를 우리가 확실히 아는 범위를 넘어서까지 적용할 때 발생하기 때문에 신의 잘못이 아니라 인간의 잘못이라고 주장한다.

4. 《성찰》은 오늘의 우리에게도 여전히 의미 있는가?

데카르트의 《성찰》은 출판된 지 350년도 넘은 오래된 책이다. 그리고 《성찰》에서 데카르트가 주장한 과학적 지식이나 철학적 논증 가운데 꽤 많은 것은 이제 틀린 것으로 판명되었다. 그럼에도 불구하고 《성찰》은 여전히 사람들의 입에 오르내리거나 철학을 공부하려는 사람들이 많이 읽는 철학 책 가운데 하나로 남아 있다. 특히 대학생들이 철학을 처음 배울 때 가장 많이 읽게 되는 철학 책이 바로 《성찰》이다. 이렇게 오래된 책을 왜 많은 사람들이 여전히 읽고 있으며 또 우리 청소년 또한 읽어야 하는 것일까?

우선 《성찰》을 통해서 우리는 근대 문명을 가능하게 한 철학적, 과학적 사유의 기초를 이해할 수 있다. 근대 문명을 가능하게 한 과학적 사유란 무엇인가? 그것은 자연을 더 이상 신비한 대상이 아니라 인간의 이성으로 파악할 수 있다고 간주하는 사유다. 데카르트는 《성찰》에서 자연은 수학으로 표현할 수 있는 성질로 되어 있기 때문에 인간의 이성으로 파악할 수 없는 것은 아무것도 없으며, 더 나아가 이러한 지식은 신에 의해서 보증되기 때문에 의심할 수 없는 확실한 지식이라고 주장했다. 따라서 이제 자연은 인간이 파악하고 이용할 수 있는 것이 되었고, 이러한 생각이 바로 근대 이후 과학 문명을 이룩한 합리적이고 과학적인 사유의 기초를 놓았다고 할 수 있다.

더 나아가 이렇게 자연을 이해하는 합리적이고 과학적인 사유의 기초에는 '이성에 대한 신뢰'라는 철학적 사유가 놓여 있다. 중세에는 인간의 지성은 무한하고 완벽한 신의 지성에 비하면 보잘것없는 것으로 생각되었지만, 데카르트는 《성찰》에서 인간의 지성은 신이 준 것이기에 도리어 인간이 지성을 제대로 사용하기만 한다면 진리를 발견할 수 있고, 이 진리는 확실한 것이라고 주장한다. 그리고 인간의 이성은 신분의 고귀함과 상관없이 인간이면 누구나 가지고 있기 때문에 누구나 그것을 제대로 사용하기만 하면 자연을 이해할 수 있다는 것이다. 이처럼 《성찰》에 나타난 인간 이성에 대한 신뢰야말로 근대 문명을 가능하게 한 철학적, 과학적 사유의 기초라고 할 수 있다.

또한 많은 철학 책들이 그러하듯이 《성찰》 역시 이후 철학의 역사에 많은 영향을 끼쳤다. 《성찰》을 읽음으로써 우리는 인류가 발전시켜 온 사상과 사고의 궤적, 특히 근대 철학이 안고 있던 고민과 그 해답을 제대로 이해할 수 있다. 특히 데카르트는 《성찰》을 통해서 우리는 무엇을 알 수 있으며 어디까지 알 수 있는지, 그리고 어떻게 알 수 있는지 깊이 고민했다. 그리고 자신의 주장을 입증하기 위해 매우 치밀한 논리의 과정을 보여 준다. 그는 모든 기존의 통념에 대한 의심과 부적합한 것의 논리적 제거라는 방법론을 제시해서 이 문제를 해결한다. 이런 과정이야말로 청소년들이 배워야 하는 철학적 사고일 것이다.

데카르트는 우리가 지식을 얻는 과정에서 경험보다 인간의 지성(이성)이 먼저라고 생각한 철학자였다. 이러한 철학적 입장을 흔히들 '이성주의'나 '합리론'이라고 부른다. 데카르트 이외에 라이프니츠나 스피노자 같은 철학자들이 이러한 입장에 서 있었다. 본문에서 살펴본 것처럼, 데카르트는 《성찰》에서 추상적인 존재(신)에 대한 지식, 물체의 본질적인 성질은 공간을 차지하는 성질이라는 과학적 지식이나 '삼각형의 세 각의 합은 두 직각과 같다.' 등의 기하학적 지식, '1+1=2'와 같은 수학적인 지식 등은 우리가 태어날 때부터 알고 있는 지식이라고 말한다. 즉 우리의 두뇌는 태어날 때부터 '지식'이라는 프로그램이 장착되어 있는 컴퓨터와 같다는 생각이다.

하지만 이런 데카르트의 생각은 데카르트 이후 여러 철학자들로부터 비판을 받았다. 이들에 따르면, 우리가 태어날 때부터 가지고 있는 지식은 없으며, 인간은 태어날 때 백지 상태(tabula rasa)로 태어나서 오직 경험을 통해서만 지식을 가질 수 있다. 이러한 철학적 입장을 '경험론'이라고 한다. 로크, 버클리, 흄 등이 대표적이다. 예를 들어, 방울뱀 고기를 한 번도 먹어 보지 않은 사람은 방울뱀 고기가 어떤 맛인지 도무지 알 수 없는 것처럼, 경험론에 따르면 인간 지식의 가장 근본적인 원천은 경험이다. 이처럼 우리는 《성찰》만이 아니라 그와 대비되는 철학 사상까지도 함께 공부할 수 있는데, 그러면 어떻게 지식을 가지는가에 대한 인류 사상의 큰 줄기를 이해할 수 있게 된다.

하지만 무엇보다도 중요한 것은 《성찰》을 통해서 우리는 우리의 개인적 삶을 살아가는 데에서 꼭 필요한 지혜를 배울 수 있다. 왜 우리는 《성찰》을 비롯해서 오래된 철학 책을 읽어야만 할까?

우선 데카르트가 350년 전 《성찰》을 통해서 고민한 문제는 여전히 현재 진행형이다. 철학에서는 답을 얻는 것이 아니라 질문을 하는 것이 중요하다. 데카르트가 《성찰》에서 던진 질문들, 우리는 어디까지 알 수 있으며 어떻게 알 수 있는가? 나는 정말 존재하는 것일까? 존재한다면 어떻게 존재하는가? 신은 존재할까? 신이 존재하고 선하다면 세상에는 왜 악이 존재할까? 나의 바깥에 우주가 실제로 존재할까? 내가 보는 이 책은 나의 바깥에 실제로 존재할까? 정신의 성질은 무엇이고 물체의 성질은 무엇인가? 우리는 정말 자유로운가? 이런 질문들은 살아가면서 누구나 한 번은 – 나 자신이나 사랑하는 사람이 고통을 당할 때, 생각을 자극하는 어떤 책을 읽거나 영화를 봤을 때,

아니면 친구들이나 부모님과의 대화를 통해서—묻게 되는 철학적 질문이다. 하지만 막상 혼자 고민하기에는 너무 막연하고 어렵다. 우리는 《성찰》을 통해 우리가 지금 묻는 질문과 똑같은 질문을 했던 위대한 철학자 데카르트의 고뇌를 엿볼 수 있고, 나아가 그가 해답을 찾는 과정을 따라가면서 우리의 질문들에 대한 답을 얼마간 찾을 수도 있을 것이다.

또한 《성찰》은 바람직한 진리 탐구의 태도를 제시한다. 데카르트는 〈첫 번째 성찰〉에서 가장 확실한 지식을 얻기 위해서 누구나 일생에 한 번 자기가 당연히 참이라고 믿고 있는 것들을 의심해 보아야 한다고 주장한다. 우리는 이러한 데카르트의 태도를 통해서 '어느 것도 당연한 것으로 받아들이지 말라.'는 교훈을 얻게 된다. 왜 이런 태도가 중요할까? 철학이란 그동안 우리가 당연하게 받아들이던 익숙하고 친숙한 것들을 '왜'라는 질문으로 낯설게 보는 것이다. 즉 당연하게 생각하던 것들을 어느 것도 그냥 받아들이지 않는 비판적 사고력을 기르는 것이 바로 철학 책을 읽는 이유, 더 나아가 고전을 읽는 이유라고 할 수 있다. 이것이 바로 데카르트가 《성찰》을 통해 350년 뒤에 우리에게 보내는 메시지라고 할 수 있다. 이제 이 메시지에 어떻게 반응할지는 온전히 이 책을 읽는 여러분의 몫이다.

데카르트 연보

1596년 3월 31일 브르타뉴 지방 법률가인 조아캥 데카르트와 부인 잔
　　　　 브로샤르 사이의 셋째 아들로, 프랑스 중서부 투렌과 푸아투
　　　　 사이의 작은 마을 라에에서 태어나다.

1597년 (1세) 5월 13일에 어머니 잔이 사망. 이후 데카르트는 외할머
　　　　 니와 유모의 손에 의해 자라나다.

1607년 (11세) 예수회 교단이 창설한 라 플레슈 학교에 입학하다.

1615년 (19세) 라 플레슈 학교를 졸업하고, 푸와티에 대학에 입학해서
　　　　 법학과 의학을 배우다.

1616년 (20세) 푸와티에 대학에서 법학사 학위를 받다.

1618년 (22세) 네덜란드 브레다로 가서 모리스 드 나소(Maurice de
　　　　 Nassau) 군대에 들어가다. 네덜란드의 의학자이자 수학자인
　　　　 이삭 베크만과 만나 음악과 수학적 자연학에 대해 관심을
　　　　 갖다. 베크만과는 1630년 결별할 때까지 교우를 나누다.《음
　　　　 악 약론》을 집필하여 베크만에게 헌정하다.

1619년 (23세) 30년 전쟁이 일어났다는 소식을 듣고 독일의 구교의 군대에 들어가다. 프랑크푸르트에서 페르디난트 2세의 대관식을 관람하고 군대에 복귀하던 중 11월 10일 세 번의 꿈을 꾸고 "놀라운 학문의 기초를 발견하라"는 영감을 받다.

1622년 (26세) 프랑스로 돌아가 재산을 정리하다.

1623년 (27세) 이탈리아로 여행을 떠나다.

1625년 (29세) 2년 동안 파리에 머물면서 메르센 신부 및 그의 동료와 교제하다.

1628년 (32세) 《정신 지도를 위한 규칙들》 집필. (이 책은 데카르트가 죽고 난 뒤 1701년에 출간된다.)

1629년 (33세) 네덜란드로 이주하여 《세계》라는 물리학과 형이상학에 관한 책을 쓰기 시작하다.

1633년 (37세) 갈릴레이의 유죄 판결로 인해 《세계》 출간을 보류하다. (이 책은 데카르트가 죽고 난 뒤 1664년에 출간된다.)

1634년 (38세) 가정부 헬렌 얀을 만나다.

1635년 (39세) 얀과의 사이에서 딸 프랑신(Francine)이 태어나다.

1636년 (40세) 라이덴으로 이사. 《방법서설》을 불어로 집필하다.

1637년 (41세) 〈굴절 광학〉, 〈기하학〉, 〈기상학〉을 추가한 《방법서설》을 출판하다.

1640년 (44세) 5살 난 딸 프랑신 죽다.

1641년 (45세) 《성찰》이 출간되다. 위트레흐트 대학 학장인 보에티우스가 데카르트를 무신론자라고 비판하다.

1642년 (46세) 보에티우스의 비판에 대해서 데카르트는 〈보에티우스에게 보내는 공개 서한〉을 작성하다. 보헤미아의 엘리자베스 왕녀와 서신 왕래가 시작되다.

1644년 (48세) 《철학의 원리》 출간.

1648년 (52세) 평생의 학문적 동지이자 후원자였던 메르센 신부가 파리에서 죽다.

1649년 (53세) 스웨덴 여왕 크리스티나의 초청으로 스톡홀름으로 떠나다. 《정념론》 출간.

1650년 (54세) 2월 11일에 스톡홀름에서 폐렴으로 죽다.